大展好書　好書大展

秘傳占卜系列 13

塔羅牌預言秘法

淺野八郎／著
李芳黛　／譯

大展出版社有限公司

前言——在你心頭浮現的景象，成為現實出現在你眼前

一般認為，塔羅牌占卜成立於十四～十五世紀的歐洲。從那時候起，塔羅牌就吸引了許多信奉者。當然，這也是因為塔羅牌占卜準確性高之故。這幾年來，我致力於塔羅牌的研究，想解開其準確性高之謎。但塔羅牌卻彷彿在嘲笑我一般，始終以神秘的面紗示人。

於是，我改變想法，從二個側面研究塔羅牌。其一是「心理學」，另一項是「神秘學」。結果，我發現了驚人的事實。這個事實就是，塔羅牌中隱藏了『古希伯來的神秘言語』，在表示人類普遍無意識的言語中，塔羅牌能夠預測接下來這個人的行動類型。我有點意外，「這不就是榮格的心理學嗎?!」

「人一直被一條看不見的線所牽引」。換句話說，不管發生

什麼不可預期的事，都是另一股力量的作用。但事實上卻又不是如此。

自己本身的非意識願望「希望如此」，使一件事發生。而塔羅牌正是使這種看不見的意識顯在化之『預言圖』。

希伯來人為什麼將這種秘密的言語，託付在塔羅牌這種遊戲中呢？答案將在本文中介紹。在此，我擔心一件事，那就是恐怕這種塔羅牌被用在不正當用途。

換言之，因為塔羅牌暴露出人的深層心理，能夠預知行動型態，因此第三者可能先一步制止這個人的行動。也就是利用人的深層心理使人生混亂。

當然，我相信聰明的讀者不會做這種事……。

希望本書能帶領各位迴避危險、掌握幸運。

淺野八郎

目錄

第二章 偶然的一致，意料外的幸運……
塔羅牌的秘法超越科學
——已經發生的事被描繪出來令人震驚

目　錄

第一章

使榮格迷惑聯繫「內心」與「現實」的衝擊

——最先進的心理學掌握塔羅牌不可思議的力量

塔羅牌使你的心象風景明朗化

你現在最想要什麼?最希望什麼?有人能立即回答、有人思考片刻後回答，各式各樣的人都有。那麼，立刻回答出來的人，這真的是你的願望嗎?你自己也沒注意到，這是願望還是不安——。

四十多年前，我在法國巴黎大學學習心理學時，世界知名心理學家榮格對於占卜非常關心，並對於塔羅牌所認為的命運偶然性，為人類根本心理的說法，感受到相當大的衝擊。榮格被這種接觸到人類深層心理的塔羅牌神秘魔力所迷惑了。

有一陣子，「心理遊戲」很盛行，想必你也喜歡玩「心理遊戲」吧!所謂心理遊戲，就是設定各種繪畫、語言等狀況，清楚指出平常不表現於外，隱藏在人類深層的「真心」。這種手法就像心理學一樣。將墨汁印在紙上對折，詢問其形成模樣的「羅沙哈測驗」(Rorschach test)，在一張紙上畫樹木，隨心所欲在樹枝上加樹葉以診斷其精神「飽姆測驗」（Baum test）等等，彷彿遊戲一般的檢查法，正是心理學的實際現場。

這些測驗是給人一種意象，接著使其在以此意象為形的新意象中，表現出自己的願望、慾望。

那麼，為什麼給予一個意象後，人的願望、慾望會在聯想的意象中出現呢？人出生後就經歷各種經驗、體驗，這些都累積在自己的潛意識中，接受某種刺激後才會現形。這時候，自己的願望（傾向）就會發生作用，成為答案。

例如，讓你看港口遙遠處有一艘客船冒煙的圖片。接著問你：「現在這艘船處於何種狀況？出港或進港？」你怎麼認為？

如果內心深處想「出國旅行」，這種願望就會在意象中作用，於是回答：「出港。」相反地，如果心愛的人出國未歸，你希望他早日歸來的話，應該就會毫不猶疑回答：「進港。」

再者，內心深處想辭職、想換工作的人，受到刺激會回答：「出港！」借人金錢希望早日歸還的人會回答：「進港！」

像這樣，**藉由刺激人的深層心理，能夠事先解讀這個人的心情（＝行動）**。另外，也可

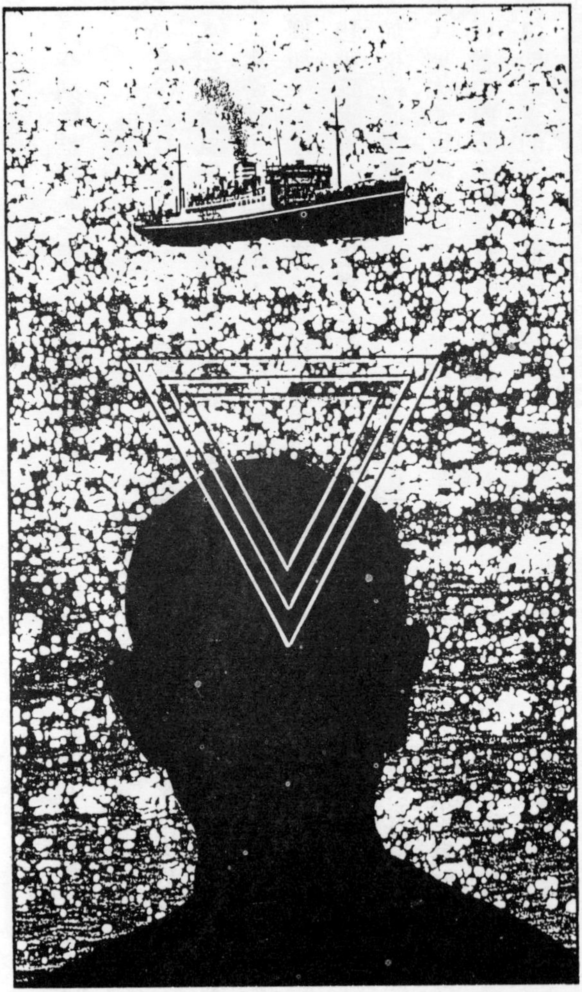

在海中航行的客船是出港或進港，在答案中出現無意識的願望。

藉由一定的暗示，引導人的心理。

請看十六頁的圖。看見這張圖時，你看出是畫什麼嗎？這是一張很有名的畫，你看出什麼？是望著對面的婦女？還是老太婆的側面？

像這種所謂「騙人的畫」，最初視線創造的意象被固定，是婦女或老太婆。但如果在讓人看這張畫之前設定一個環境，每個人答案都一樣。

在讓你看這張畫之前，將你留在一個滿是妙齡少婦的房間，過一會兒讓你看這張畫，你一定會回答：「望著對面的婦女。」反之，讓你待在只有老太婆的房間，一會兒後再讓你看這張畫，相信你一定會回答：「老太婆的側面。」

設定一個環境使意象作用，則心中殘留的意象便會使心移動……。

很多人對這種發現自己另一面的心理遊戲感到興趣。塔羅牌與這種單純明快的遊戲不同，它是反映出人類內心更深處的鏡子。不僅是心而已，還有往後你的命運……。

說塔羅牌是以這種「心理學」為基盤的占卜，一點也不為過。這與一般的占卜遊戲不同。我的論點是，深層心理分析的原點就在塔羅牌。

看著另一方的婦人臉龐，或者是老太婆的側面畫？意外地可以從答案中見到另一個自己。

Figure 7.48 The wife-mother-in-law figure. (From Boring, 1930)

每一張塔羅牌都表現出自己

如前所述，人看見一張圖畫或照片時，便會受自己的體驗或經驗刺激，創造意象。這張圖畫或照片越能讓人的深層心理作用，就越能讓他的真心表現出來，引起被圖畫或照片所觸發的行動。

塔羅牌正是針針刺骨的牌。

換句話說，表現於塔羅牌上的繪畫暗示，**之所以能淸楚猜中你的行動，是因為看過塔羅牌之後，你的深層心理會受塔羅牌刺激，造成無意識中行動的結果。**

這麼說起來，與其說是塔羅牌猜中，不如說是**今後將發生的行動受牌上圖案所左右。**

例如，第三章的數式（60～62頁）中，你今天的牌是第14號「節制」。最初看見此牌時，你的眼睛直向天使右手的壺。壺在心理學中象徵「女性性器」。此外，右手是「精神的」、「男性的」或「理性」、「睿智」的象徵。這如何解讀呢？

塔羅牌中的圖案是解讀深層心理的關鍵。連你未來的行動也可猜中。

眼睛看著壺本身是表示對性的關心，應該解讀為現在的你，以精神力抑制心理的作用。從另一方面說，請你腦海中浮現這種狀態。

你有位交往已久的異性朋友，將來希望與他結合，但現在希望與他純粹是精神的交流，或想與他交往提高自己的精神層次、學問層次。因此，你與特定異性的關係應該沒有變化。

「這麼說，不僅塔羅牌，其他的畫也可說出相同的結果啊！」你會這麼認為吧！沒錯。讓對方看圖畫，分析這個人現在處於何種心理狀態，就是心理學的基本。

但後面也會提到，**塔羅牌是至今最能巧妙刺激人類深層心理的畫**（稱為秘密語言）。

「偶然」選出的牌怎麼會與你的行動結合

也許有人會這麼想：「什麼也不思考，光是隨意映入眼中的圖畫，為什麼具有這層意義呢？」的確，事物能夠以原因、結果的因果律法則說明大部分。

當因果律無法說明的事情發生時，我們一定會問：「為什麼偶然一致？」也許抽出一張牌看見其中某部分，感覺上像「偶然」，但是事實並非如此。

例如，常聽人說有一天在東京巧遇多年不見的老朋友。很多人說這是偶然。然而即使在意識中你並沒特別想見這個人，但無意識中就不是如此了。人類無意識的領域是意識的數十倍，不，應該說好幾萬倍寬廣。也許無意識的領域中希望再見到這位朋友。於是，對你而言無意識的願望就與實際見到朋友的行動相結合。

也許你又會說：「這種連意識也沒有的事怎麽可能知道呢？」的確，在日常生活中，不可能窺視無意識領域。只不過，在這個與友人偶然再會之前，依本書方法探尋其深層心理，應該最先映入眼簾的塔羅牌圖案就是「友人」、「再會」等象徵。

換言之，**透過塔羅牌，可預先將無意識部分出現於意識中**。

聽起來有些不可思議，但真實就是如此。這種不可思議的力量，不必靠宗教方面的特別修持，任何人都能擁有。

人類心理分為二部分。一是表面「直接的自己」，另一是平常不表現出來，偶爾出現的「另一個自己」。心理學家榮格稱此為「一號自己」、「二號自己」。

因此，雖說是偶然一致，但實際上是另一個自己期待與友人再相會。所以不能說是偶然。

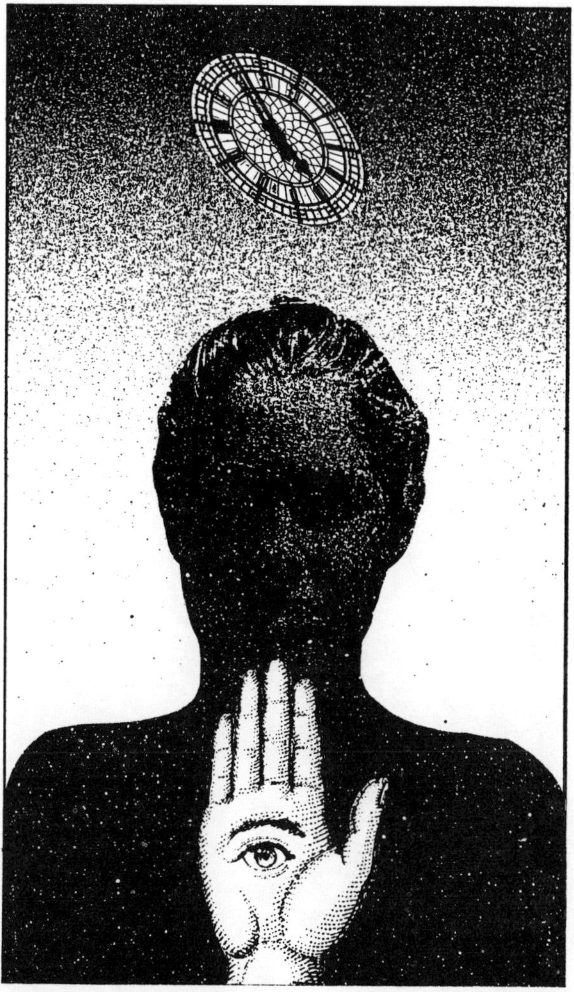

最初映入眼簾的紙牌圖案，殘留在印象中的圖案，表現出無意識的願望。

如此思考，則你所選擇的圖案繪畫，根本不是偶然，而是你無意識中選擇的畫。也因此，比意識選擇具有更大意義。

「自己有這麼強烈的願望嗎」

為什麼塔羅牌中的圖畫，能夠刺激深層心理呢？我們先說結論。因為塔羅牌的圖案中，有許多人類普遍存在的「元型意象」。解釋得更白話一點，塔羅牌中的圖案，象徵著我們隨時會遇到及發生的事。說穿了，人生的一切都在塔羅牌圖案中表現出來。因此，藉由看塔羅牌所描繪的元型意象，能使存在於人類心底處的無意識領域活性化。

例如，塔羅牌中常出現高貴人坐的椅子。這稱為玉座。我想很多人看了都會希望「坐在那麼豪華的椅子上」。或者有人覺得「好氣派啊！」但因為什麼理由看椅子，在此沒什麼關係。在幾次塔羅牌內的項目中，「最初看椅子」這點最重要。

我們來看看椅子的意象。首先，坐在豪華的椅子上，這需要適當的「力」與「強」。另外，坐在豪華椅子上，必然伴隨「權力」、「金錢」、「名譽」。

各位懂了吧！玉座象徵著「力」、「強」、「權力」、「金錢」、「名譽」等願望。反過來說，有以上願望的人，最初映入眼簾的就是牌中的玉座。

像這樣，**塔羅牌隱含著與人類深層心理關係密切的項目**。因此，塔羅牌被稱為「秘密」的語言。不知不覺中讓你的願望表露無遺。

「命中率高的神秘占卜」塔羅牌

那麼，為什麼塔羅牌具有如此神秘的力量呢？

我們將於第二章詳述。塔羅牌中隱藏著希伯來人（猶太人）每天安全生活的智慧。為什麼需要這種智慧呢？起因於希伯來人從西元前就受到歐洲迫害。

由於他們常遭十字軍破壞聖地，為了保護自己免於受到歐洲、伊斯蘭教（回教）的迫害，除了軍事力量以外，還必需講究其他手段。就這樣確立了相當於現代心理學之一的學問體系、思想。

衍生出來的正是現在所謂的「超自然科學」。現在自己想要什麼?自己的命運、未來將發生的事情預測等，是任何人都不可能知道，卻最想知道的事。

尤其對於日常即具有危機感的希伯來人而言……。他們的睿智正是化不可能為可能。

這種思想只有他們了解，因為他們使用秘密語言。然而，十字軍中具有智慧的人，或具有特殊能力的流亡人民，將這種思想解明。他們使「秘技」更容易懂，這就是「塔羅牌」。

希伯來人的神秘技法，依現代說法就是被商業間諜竊取了。但希伯來人不慌張，因為他們的思想是有毒有藥的「兩刃劍」。商業間諜沒辦法理解到這個程度。希伯來人先一步解讀了。「不久之後，戰爭便會結束」希伯來人如此預言。

的確如其所言，中世歐洲掀起一股塔羅牌風。人們醉心於占卜，發覺占卜的樂趣，彷彿忘記戰爭、宗教的差異般狂喜。不用說，塔羅牌比其他任何一種占卜準確，而且比其他任何一種牌有趣。就這樣，十字軍在十三世紀後半終了。

從這件事，希伯來人相信「塔羅牌帶來和平」的人更多了。塔羅牌實在是連戰爭都能左右的希伯來人最恐怖的武器。

後來，塔羅牌就在希伯來秘技未被解明的狀況下，成為「準確性高占卜」廣泛流行。塔羅牌所隱藏的希伯來人秘技，在一位男子出現之前數百年間，就這樣未被鮮明地流傳著。這位男子就是心理學界的巨人榮格。

被塔羅牌迷惑的心理學家

提到塔羅牌就非得介紹的人是心理學者榮格。榮格在「解夢」方面非常有名。榮格主張，人的心中平常存在著相當寬廣的無意識領域。

了解這種未知內在世界的方法，便是利用夢。

從某時期開始，榮格對於非合理之事，例如，諾斯蒂教派（一、二世紀時流行於地中海沿岸的基督教之一派，相信神秘直覺，認為人的本質與至高的神本來就是同一體之說）、鍊金術、古今東西各種占卜極感興趣。

而這也是由於夢中，無法以因果律解明之非合理事極多之故。

合理主義者榮格，為什麼會對這種神秘學說感興趣呢？這也像謎一樣。原來對超自然之事具有興趣的榮格，體驗到許多不可思議之事，他認為面臨死亡時，「能夠提供人類無法解答的問題之答案者只有一點」，那就是超自然現象。

要解釋這種非合理之事物，一定得具備占卜方面的知識。

榮格在研究非合理事物時，注意到非合理之事物比合理的事物更能解明無意識世界。

在此之前，榮格認為人類內心，亦即無意識的領域中，有種共通的心理。這就是榮格認為「元型」的理論。在這種元型意象中，母親為「great mother」、父親為「old wise man」，對於男性而言，異性為「anima」（男性具有的女性式壓抑性格）、對女性而言，異性為「animus」（女性具有的男性式壓抑性格）、自己的影子是「shadow」。均為榮格心理學用語。

這些意象存在每個人的內心，而且在無意識中左右人心。榮格認為，和這一樣，自然界中不也有相同型態存在嗎？

尤其塔羅牌更是象徵元型的語言，或無意識領域語言的寶庫。藉由這些與真正面相對，解開無意識的心底奧秘。

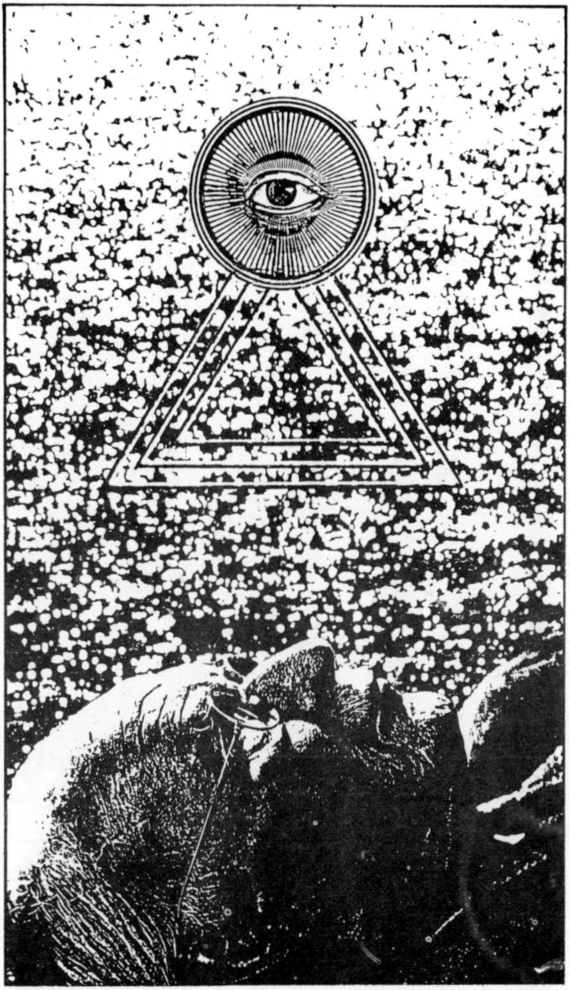

人心中看不見的內在世界，可以用「夢」解明—心理學家榮格從塔羅牌中看見什麼。

利用塔羅牌使夢更具體意象

也許榮格不斷地請塔羅牌占卜師為自己占卜，而且精密地分析他們暗示的事情。在此，榮格掌握了一個重要訊息。

塔羅牌占卜並沒有「你將來會和某某人結婚，在國外生活……」之類具體內容出現。占卜師說的只是片斷的重點。而此重點與榮格以往利用夢分析所得到的資料，是不同世界之物。

於是，榮格從歷史、宗教、哲學、科學、社會學等各種角度，檢查塔羅牌中出現的圖案。終於發現，從其提示的重點中，**可以說明符合此人的行動類型，也可導出此人選擇的「更聰明之道」**。

不知道這是不是「比夢更鮮明的畫像」，但榮格確信塔羅牌具有比夢更具體的意象。

換言之，**塔羅牌具有將夢中模糊意象變換為整然意象的功效**。

這正是榮格期待的結論。

從此以後，榮格傾向於解明塔羅牌更深奧的部分。只不過，榮格只知道，這是「希伯來人留下來的智慧」，其餘就不得而知了。

心中所想與現實所發生的事一致

榮格晚年展開「synchronisty」理論，這個字很難適切翻譯出來，總而言之，就是共時性、同時協調性之意。

那麼，到底指的是什麼呢?即**心中所想（無意識領域中）與現實發生之事偶然一致**。

榮格從自然中有許多體驗。例如，榮格想像父親，亦即great wise man，然後畫圖。但榮格不知想到什麼，在這張圖上加了鳥的羽毛。也許認為理想的父親是在天空中飛舞吧！

隔天，當榮格在家附近散步時，見到與前日所畫一模一樣鳥的死骸，那隻鳥並非棲息在那裡的鳥。這就是「synchronisty」，榮格堅信這個理論的正確性。

榮格想像「old wise man」所畫出在天空飛舞的大鳥翅膀。從此展開「synchronisty」理論。

換言之，榮格想表達的是，有與因果律不同的另一個法則在左右人類的行動。如此一來，在這宇宙所發生的一切事情，就無前述偶然性的存在了。有時候找不到原因，突然發生什麼事，人們就乾脆說這是與偶然一致所發生的事。

反過來說，今後也**能預測將發生在自己周圍的事**。如果知道現在自己內心在想什麼，就能夠推測未來將發生的事。

在這一方面，占卜也是預測未來之事。但始終沒有人能夠說明，塔羅牌怎麼能完全說中未來。在這方面權威之士，也只能從以往的經驗表示，「大致上，這種事經常發生」。

榮格從研究東方的「易」及塔羅牌開始，進行數種占卜研究，結果提出共時性（synch-ronisty）理論。這就是**占卜與心理學之間有一條線互相連結**的原因。

塔羅牌在占卜時，從切牌開始，進行各種展開（spread），由指導者（leader），亦即解讀牌意者進行解讀（reading）。這也可說是**心理治療的手法**。

如何?想必你對於塔羅牌怎麼能準確預測你的行動，有些認識了吧！

下一章將說明塔羅牌的歷史，但歷史內容有些難懂部分。當然，全盤理解是最好的，但我想一定有人想「趕快利用塔羅牌為自己占卜」。

因此，你跳過下一章，直接閱讀第三章也可以。第三章敍述選一張塔羅牌預測未來的方法。另外也解說如何「看」所選出的塔羅牌。

第二章

偶然的一致，意料外的幸運……塔羅牌的秘法超越科學

——已經發生的事被描繪出來令人震驚

塔羅牌的構成

正如大家所說塔羅牌是撲克牌的前身一樣，它們具有非常相似之處。其決定性不同處在於，撲克牌是由五十二張（包含鬼牌為五十三張）牌組成。而塔羅牌則是由稱為「大阿爾卡那」的二十二張牌，與稱為「小阿爾卡那」的五十六張牌所組成。

「小阿爾卡那」有棍棒、聖杯、劍、貨幣四組，各組有記載一至十的牌。此外，各組由國王、女王、騎士、傑克四張畫組成。從「小阿爾卡那」的結構來看，和現在的撲克牌有許多共通點，本書不論及。

二十二張大阿爾卡那從1至21號，各有其名稱。只不過稱為「愚者」的牌沒有號碼，相當於現在的數字「0」。此外，依塔羅牌不同，其順序號碼、名稱也有不同。

塔羅牌中所描繪的圖畫，幾乎都是現代所見中世紀的意象。牌中所描繪的人物，也是皇帝、皇后、教宗等中世紀社會中的人物。

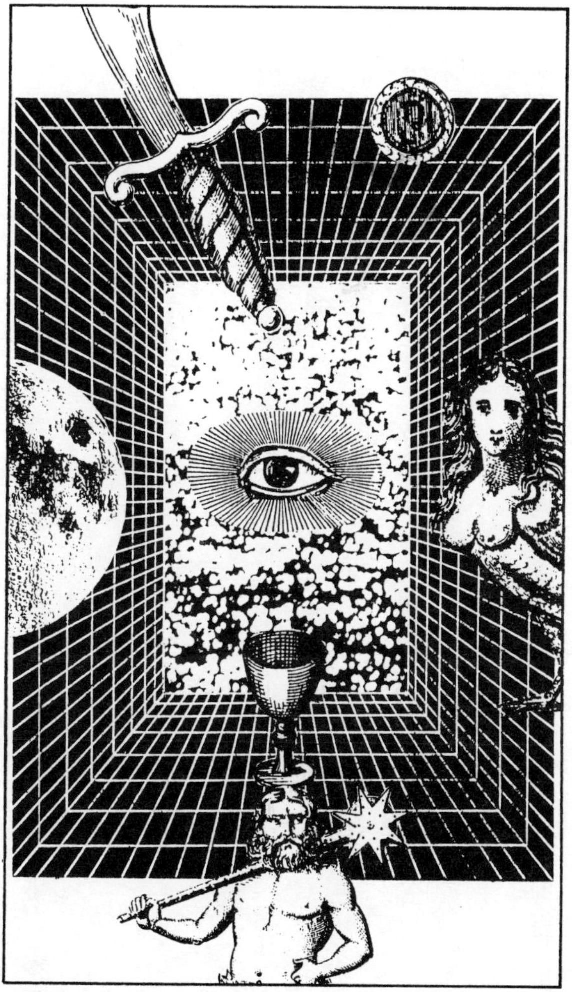

塔羅牌的22張「大阿爾卡那」牌，及56張「小阿爾卡那」牌，如何解讀其意象。

就像日本江戶時代歌舞伎諷刺權力一般，塔羅牌也對於當時被尊崇為「正統」的基督教進行諷刺。如此說來，塔羅牌在當時就像是一些「異類」或無宗教者的「模擬人生遊戲」。

「Taro、Taroc、Tarok……」

塔羅牌之名的來源，並無定論。寫上數字與圖畫的遊戲道具紙牌，中國、朝鮮等自古即有。但塔羅牌的起源，卻不見與此有關的證據。

現在很多人從「Tarot」這個名稱探尋塔羅牌的起源。

Tarot是法語，意大利語為Tarocco，歐洲其他國家則稱為Taro、Taroc、Tarok等等，不知何者為語源。也有認為是拉丁語「輪」之意的rota之倒讀。的確，rotarotarota反覆不斷就是Tarot。

除此之外，也有提倡埃及起源說、吉普賽起源說、意思是「法」的希伯來語Tarash說，或猶太教的律法書Torah起源說者。

塔羅牌的起源是個謎。據說與被視為異類而消滅的教堂騎士團有關。

但不論哪一說都缺乏定論。

換言之，即使採取某一語源，塔羅牌覆蓋一層「神秘面紗」。

塔羅牌盛行於歐洲，是在十五世紀時。可以確定的是，在此之前，塔羅牌經由「某人」之手帶到歐洲。

至今最有力之說，是吉普賽人從其故鄉印度，或從埃及傳入。然而，至今已經知道，在吉普賽人出現歐洲之前，塔羅牌就已經在歐洲存在了。因此，應該是吉普賽人來到歐洲，知道塔羅牌，開發使用塔羅牌的占卜方法，結果擔負將塔羅牌傳至各地的任務。

另一個有力的說法是，十二世紀組成的教堂騎士團遠征至耶路撒冷時帶回來的。教堂騎士團於十四世紀初被以「異類」名義逮捕、消滅。其悲劇性長期留在中東，因此可能接觸到塔羅牌或後述的希伯來神秘哲學思想。但由於缺乏證明文件，二十世紀的現在，真相也只有被包在黑暗中了。

以下是我的推測。教堂騎士團比其他騎士團的戰力強，也許正是塔羅牌的神秘力量左右騎士團的戰術。

騎士團中，是不是有自在操控塔羅牌的人物，本來是基督教徒的他們，漸漸被塔羅牌世界吸引，最後脫離基督教……。另外，從體制面來看，與其說是害怕騎士團，不如說是害怕左右戰爭勝敗之塔羅牌的「預知力」。

但不管怎麼說，塔羅牌在中世紀歐洲成熟倒是個不爭的事實。

「非正統」、「秘密」、「隱藏」

塔羅牌被用來當成是娛樂遊戲或占卜，但有人認為它本來具有不同意義。當然，我也是其中一人。而且我以更大膽的假設面對塔羅牌。而最重要的關鍵就是「希伯來人」。

我注意到塔羅牌與希伯來人的關係，是從研究「希伯來神秘哲學」（kabbala）之後。約一百年前的十九世紀，法國塔羅牌研究家阿爾芬斯•路易提出，二十二張「大阿爾卡那」與「希伯來語的字母序列二十二個字」有非常接近的關係。此外，「小阿爾卡那」的四組，也與「四元素」有關係。

附帶一提，希伯來語的字母序列，與英語的單記號不同。每個文字都是絕對真理的象徵。另外，四元素是火、地、風、水，中世紀以前一直認為這四元素是創造一切，包含人類在內的基本。四這個數字在日本或中國與「死」同音，倍受嫌棄。但在世界各地，卻被視為創造一切的基礎般尊崇。

希伯來出現神名的四個文字，使用Y•H•V•H。神秘哲學也使用存在的四世界是原形、創造、形成、活動之方法。曾經榮格心理學也稱四是魂的本質，應該象徵自己。

榮格晚年提倡，塔羅牌是經由吉普賽從中東傳到歐洲之說。

換言之，對於希伯來人而言，吉普賽人只不過是「媒介」而已。最初吉普賽人利用占卜從心理面掌握人心，接著以塔羅牌的根本，希伯來神秘哲學的魔力，使歐洲陷於混亂，以致於完全制霸……。**塔羅牌是「希伯來人恐怖的武器」**。

本來，希伯來神秘哲學是希伯來人宇宙創造原理的思想，成為猶太民族的生存智慧遺流至今。現在，支撐他們心靈的仍然是神秘哲學。誠如各位所知，猶太民族在流浪的過程中，受到許多國家迫害。但他們不被惡勢力擊倒，依然在政治、經濟、學問各領域發揮大力量，秘密就在於kabbala。

希伯來神秘哲學誕生於何時並不確定，也許從西元前就存在了。一世紀約瑟夫所寫的

被迫害的猶太民族宇宙創造原理，具有生存智慧的希伯來神秘哲學。此神秘哲學正是塔羅牌的基本。

『創造之書』，確立了希伯來神秘哲學的存在。到了中世紀，以塔羅牌為首，許多超自然現象盛行，但各種現象的基本都是希伯來神秘哲學。

所謂超自然現象，拉丁語的意思是「非正統」、「秘密」、「隱藏」。換言之，違反正統基督教的就是超自然現象。成為十六世紀寫出『超自然哲學』的阿卡利巴，這位超自然派學者宇宙觀的根本，就是希伯來神秘哲學。

共通項目是「隱形文字」

在此簡單說明塔羅牌神秘哲學的思想。希伯來語的二十二個字母是文字，也是「數字」，象徵成為宇宙原理的要素。此外，希伯來神秘哲學認為，宇宙的根本原理是因數字而成立的命運觀、人生觀。換句話說，**數字本身具有意義、力量**。

希伯來語的字母，由三個母音文字、七個單音文字、十二個複子音文字所組成。

其中，母音文字表示人類的三種基本要素。基本要素就是人的頭部、胸部、腰部。

舊約聖經也是希伯來神秘哲學的原典。神秘哲學認為宇宙原理由數字組成，文字也代表數字，是一種「隱形文字」。

單音文字代表七個行星。七個行星就是人頭部的穴，亦即二眼、二鼻孔、二耳、一口。另外，複子音文字代表十二個月、十二黃道、十二星座，同時也表示人的十二種能力。亦即看、聽、說、食、嗅、生殖、觸摸、動、怒、泣、笑、眠等能力。這些三、七、十二所代表的事項組合起來，就能夠說明人類周圍的一切現象。

這麼說來，**塔羅牌具有將人類本能毫無隱藏表現出來的魔力**。

據說舊約聖經是希伯來神秘哲學的原典，聖經中出現的希伯來語，個個都與數連結。說穿了，也就是隱形文字。

不了解希伯來神秘哲學的其他民族，根本無法了解這種隱形文字。

因此，想了解舊約聖經，就非得先了解希伯來神秘哲學不可。例如「Adam與Eve」（亞當與夏娃）中的Adam，希伯來語稱為「Aleph・Daleth・Mem」。

這表現在希伯來神秘哲學中，是一、四、四十（或六〇〇）之數字。一是生死混合，四是存在的世界，四十是反向，六〇〇是繁殖能力。在此，Adam（人類）具有生死相反的命運，在肉體存在的同時，也有反抗宇宙、創造事物的作用之意。

各位了解了嗎？具有各個文字意義的二十二個字母之希伯來語，與每張紙牌各具意義的二十二張「大阿爾卡那」相對應，是極自然的事。

希伯來人、神秘哲學、塔羅牌結合而成的「黃金曙光團」是什麼

我們再將話題轉回塔羅牌研究家瑞比身上，他將二十二張塔羅牌與希伯來文字相對照。有趣的是，什麼號碼也沒有的「愚者」牌，位於第20號的「審判」與二十一號的「世界」之間。

法國人傑拉爾・安克斯繼承此思想，他提倡塔羅牌不單純是一種遊戲、占卜道具而已，他們設立薔薇十字團這神像互助會一般的團體，將希伯來秘教凱馬吐利亞摻入塔羅牌中。凱馬吐利亞就是成為希伯來神秘哲學根幹的數魔術。

決定希伯來人、神秘哲學、塔羅牌關係的，是英國互助會的秘密團體「黃金曙光團」。此團體中的阿薩・愛德華・威特就是將塔羅牌傳到現代三人。

他將難解的塔羅牌圖案重新設計，讓一般人清楚希伯來人的秘技，並將希伯來文字與塔

羅牌、元素、行星、黃道對照如下。

●母音文字

Aleph	0	愚者	風
Mem	12	倒吊男	水
Shin	20	審判	火

●單音文字

Beth	1	魔術師	水星
Gimel	2	女教宗	月亮
Daleth	3	皇后	金星
Kaph	10	命運之輪	木星
Peh	16	塔	火星
Resh	19	太陽	太陽
Tau	21	世界	土星

●複子音文字

Heh	4	皇帝	牡羊座
Vau	5	教宗	金牛座
Zain	6	戀人	雙子座
Cheth	7	戰車	巨蟹座
Teth	8	正義	天秤座
Yod	9	隱者	處女座
Lamed	11	力量	獅子座
Nun	13	死神	天蠍座
Samekh	14	節制	魔羯座
Ayin	15	惡魔	射手座
Tzaddi	17	星星	水瓶座
Qoph	18	月亮	雙魚座

像這樣，威德完成的塔羅牌順序與瑞比不同，為從0的「愚者」開始，終於21「世界」的類型。

決定希伯來、神秘哲學、塔羅牌關係的秘密團體「黃金曙光團」。他們擔負很大的任務。

人類遭逢不幸時必須有所決定

希伯來神秘哲學的宇宙觀，除了數字思想之外，還有稱為「沙費洛特」的表示宇宙原理思想。沙費洛特就是衆所周知的，十的思想是由樹木枝幹般的東西組合而成，即「生命之樹」。沙費洛特配置於三根垂直的柱或線中。

右邊的柱子象徵具有「活動」意象的男性，左邊的柱子象徵具有「被動」意象的女性，中央的柱子象徵「使左右調和」或「平衡感覺」。

此外，各個沙費洛特也擁有其專屬的號碼及名稱。

1的「王冠」代表精神世界最高狀態。

2的「智慧」代表事物的起源。

3的「知性」代表超自然的母親。

4的「善」表示忍耐、慈悲、恩寵、死等等。

表示希伯來神秘哲學宇宙觀，組合10種思想的「生命之樹」沙費洛特，也與塔羅牌對應。

5的「力量」表示忍耐、嚴正等等。
6的「美」表示寬大、調和等等。
7的「勝利」表示忍耐。
8的「名譽」表示勝利、光榮。
9的「基礎」表示摩西的律法。
10的「王國」表示調和。

此生命之樹也可視為頭戴皇冠、足支配王國的人。換言之，十個沙費洛特互相結合或對立，就形成了世界的存在。當然，十個沙費洛特均衡調和時，人類能過著幸福美滿的生活。而此生命之樹何處聚滿、何處空缺，大大地左右了命運。人類遭逢不幸時，大概是生命之樹的左柱分離時。也就是象徵男性的部分分離，撒旦出現。

在這裡很重要的是，只要你注意生命之樹就會了解，十個沙費洛特總是結合在二十二道上。希伯來語的二十二個字母，與沙費洛特也有關係。換句話說，應該也與塔羅牌對應。

最初發現此的就是前述之黃金曙光團。從下一章開始，就要正式進行你的「基本命運數」與「每日命運數」引導，描繪出你的「命運預言圖」。

與你一生纏綿不斷的「基本命運數」，與表示當天命運的「當日命運數」，描繪出「命運預言圖」。

第三章

紙牌中映出令人難以相信的自己心象風景

——悄悄在世界上流傳下來的「未來記憶圖」

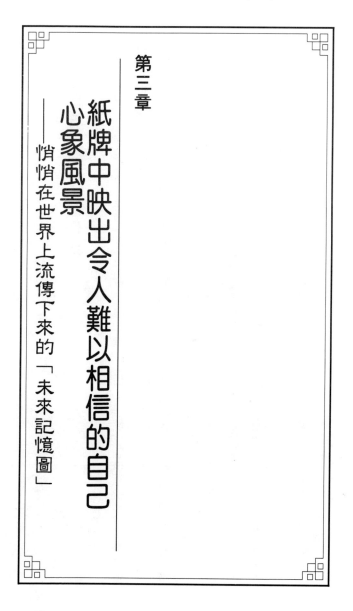

你的「命運預言圖」製作法

現在，我們就實際從塔羅牌具有的不可思議「語言」中，一窺你的無意識領域，了解深層心理，並以此為基礎預測每日行動類型。

首先得從二十二張大阿爾卡那牌中，選出一張你的命運預測牌。方法是隨意切牌後挑選一張牌。這個方法也可探尋你的深層心理，但並不完全。

在研究前述希伯來神秘型哲學思想與塔羅牌中，我發現出生年月日具有重要意義。以出生年月日的數為基礎，能夠知道與你最有關係的「命運塔羅牌＝預言圖」。

希伯來神秘哲學的基本原理，有決定你一生數字的「基本命運數」，與由基本命運數導出，預測你當天命運的「當日命運數」。

要了解命運預言圖，一定得導出基本命運數、知道當日命運數、特定紙牌＝預言圖。

「基本命運數」的求法

基本命運數是將出生年（西曆）數字，及出生月日數各別合計，再將二數字合計。如果合計數字有二位數，再合計成一位數。

【例】

1977年3月19日出生者，基本命運數如下計算。（首先將生年全部拆散）

1＋9＋7＋7＝24

↓2＋4＝6……①

（接著將生月、生日也全部拆散）

3＋1＋9＝13

↓1＋3＝4……②

（最後①與②合計）

6＋4＝10

↓1＋0＝1

則此人命運數為1。

「11」與「22」具有特別意義。「10」是象徵宇宙的完全數。10加1成為「11」，代表從完全重新開始下一步之意。「22」是象徵與宇宙有關的時間與空間之數字。因此，希伯來神秘哲學不將「11」、「22」合計成一位數，而視為獨立命運數。

因此，基本命運數由1、2、3、4、5、6、7、8、9、11、22所組成。

出生年月日是從1至9（11、22）的數字輪換的思想，推測正是希伯來人思想中「重複人類命運」的『輪迴』基本思想。也就是生物死後魂魄脫離肉體，再藉著新的肉體使魂魄甦醒。這種想法不單是希伯來（神秘哲學）思想的基礎，東方九星學、四柱推命、干支、西洋占星術等也以人的一生是一個週期，持續不斷地變化這種命運論為基礎。

你的基本命運數算出來了嗎?基本命運數沒出來，就無法導出下一個每日命運數。在此，請牢記自己的基本命運數。

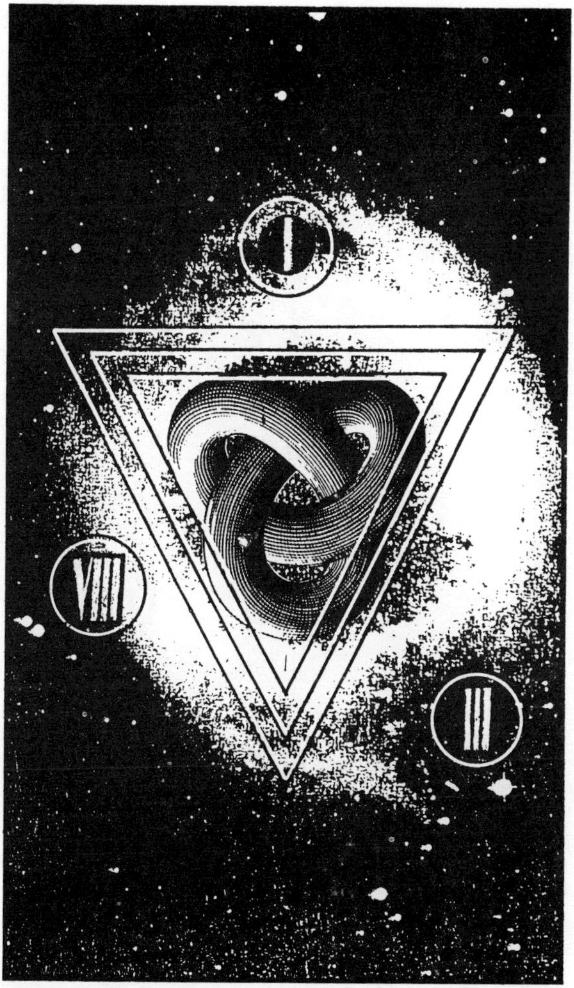

基本命運數的想法，是受到希伯來人宇宙觀根底「命運不斷反覆」的輪迴思想影響嗎？

算出「當日命運數」

接著說明當日命運數的計算方法。

請找一個你希望預測命運的「日」。

例如○月○日要做××，當時預言圖如何……。此方法也以神秘哲學方式進行。

不過與其在半年前求預言圖，還是儘量在行事當天以此法求預言圖。

一早就開始行動時，請在前一晚進行。

為什麼要在時間快到時才求呢？如前所述，預言圖與你的深層心理巧妙合體，會使當天行動明朗化，所以預測日期越近越準確。

【例】

預測日＝1996年12月24日。

（將年全部拆散）

1＋9＋9＋6＝25

↓2＋5＝7……(a)

（接著將日全部拆散）

1＋2＋2＋4＝9……(b)

（最後(a)、(b)合計）

7＋9＝16……(c)

這個(c)與前面計算的基本命運數合計數字就是「當日命運數」。(b)的合計數為「11」或「22」時，如前所述，為獨立命運數。此外，(c)部分為二位數時，不要合計成一位數，請特別注意（此例(c)為「16」，不用再1＋6＝7）。前例1977年3月19日出生的人，基本命運數是「1」，因此——

基本命運數＋日的命運數＝當日命運數

1　　16　　17

此人當日命運數為「17」。對照六十頁的當日命運數表，選出一張預告你命運的塔羅牌。當日命運數為17的人，為「8正義」。

希伯來神秘哲學預言圖（當日命運數表）

當日命運數			對應之塔羅牌號碼	
	10	50	1	（→ 64頁）
	11	51	2	（→ 69頁）
3	12	52	3	（→ 72頁）
4	13	53	4	（→ 79頁）
5	14	32	5	（→ 84頁）
6	15	33	6	（→ 89頁）
7	16	34	7	（→ 94頁）
8	17	35	8	（→ 99頁）
9	18	36	9	（→104頁）
	19	37	10	（→109頁）
	20	38	11	（→114頁）
	21	39	12	（→119頁）
	22	40	13	（→124頁）
	23	41	14	（→129頁）
	24	42	15	（→134頁）
	25	43	16	（→139頁）
	26	44	17	（→144頁）
	27	45	18	（→149頁）
	28	46	19	（→154頁）
	29	47	20	（→159頁）
	30	48	21	（→164頁）
	31	49	0	（→169頁）

提出勇氣面對自己的真心

揭開你深層心理的典禮就要開始了。請依下列順序進行。

①從卷末附錄塔羅牌中找出當日命運數導出的牌。

②看牌十秒鐘後將書闔起來。

③牌中的圖案，你「最初看到的是什麼」？請寫在便條紙上。

④接著翻開第四章各紙牌說明部分，閱讀「窺視你內心的四個項目」之解說。再一次確認你最初看見的是哪一部分（本書分為A～D四要點）。

你最初看見的紙牌部分，就隱藏著預測當天你的命運之深層心理。這也就是你的預言圖。但其他的「紙牌圖案」、「紙牌象徵物」之解說中，也隱藏有更詳細，代表你深層心理、性格的「秘密語言」。

也許有些難懂，但希望你能從中找出預測你當天行動的一、二項關鍵。

從當日命運數導出１張紙牌。其圖案印象殘留部分即可預言命運。

第四章

22張大阿爾卡那牌預告時間、命運與幸運

——你與支配自己的「你」在那時相會

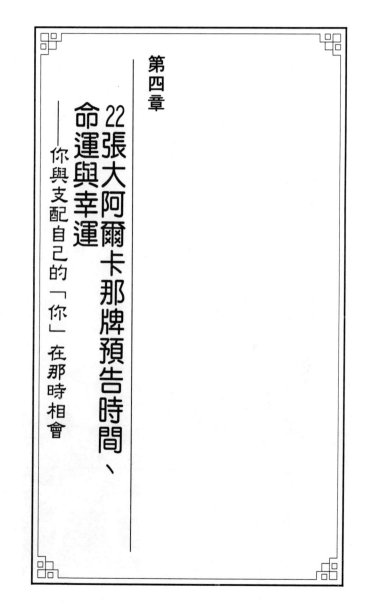

1 魔術師

在旅行中生活的男子

〔紙牌的圖案〕

依紙牌不同，描繪的男子年齡也不同，但這位男子是魔術師。是一邊旅行一邊生活的男子。穿著長衣（或有斑點的衣服），站在排著各項道具的桌子後面。桌上道具有杯子、刀、骰子等等。也許男子面前有幾位民衆。單手持棍棒（club）接著天，另一手指著地面。男子戴著一頂邊緣呈∞字形的帽子。有些紙牌在男子頭上畫出∞記號。

此紙牌有人稱為吟遊詩人，也有人稱為奇術師，名稱不同，但總而言之就是邊旅行邊度日，隨遇而安討生活的職業。有時候會隱藏自己的職業，賣一些物品。奇術師前放一張桌子，是為了擺物品販賣，或表演一些魔術、占卜等手藝。

〔紙牌象徵〕

・提示：「天與地」。徬徨使機會溜走，盡快決斷才能帶來好運。

很多人對魔術師抱持消極的意象，但實際上代表「可怕的父親」。也就是像榮格old wise man般的存在。只不過多少也有一點消極面。色調黑、蒙古人（當時歐洲人的印象），表示人的黑暗無意識。

吟遊詩人是古代凱爾特族的職業詩人。被稱為是宗教、戰爭、法律、歷史等文化、傳統的傳承者。以語言的魔力宣揚祖先英雄式的作用，向一般大眾宣傳，給予力量及勇氣。代表擅長一切智慧。

這張牌中的男子，一人到未知的國家旅遊，因此也可說是「偉大探險者」或「神聖巡禮者」。換句話說，就是與超自然力量戰鬥。積極的意義是象徵「智慧」、「至高藝術」。

此外，當時旅人是擔任國與國之間文化的橋樑，從某種意義而言，象徵二元化。善惡、正邪、陰陽、天與地、太陽與月亮、火與水、精神世界與現實世界、意識與無意識……，所有部分均可看出二面。

男子高舉的棍棒是堅強的自信。表現其自信的是桌上的物品。男子誇示支配這一切（世界）。

頭上或帽子的∞，代表人生中永遠獲得知識的強烈意志。

〔透視內心的四種項目〕

Ⓐ棍棒

手持棍棒，是天與地結合的「橋樑」象徵。天與地結合是使不可能成為可能，需要神般的力量。天代表「夢的世界」，地代表「現實世界」。最初注視棍棒的人，心中不想依循世人眼光，希望自由自在。

Ⓑ刀

桌上的物品均象徵「人類的運」。亦即這些物品切除惡運，留住智慧。

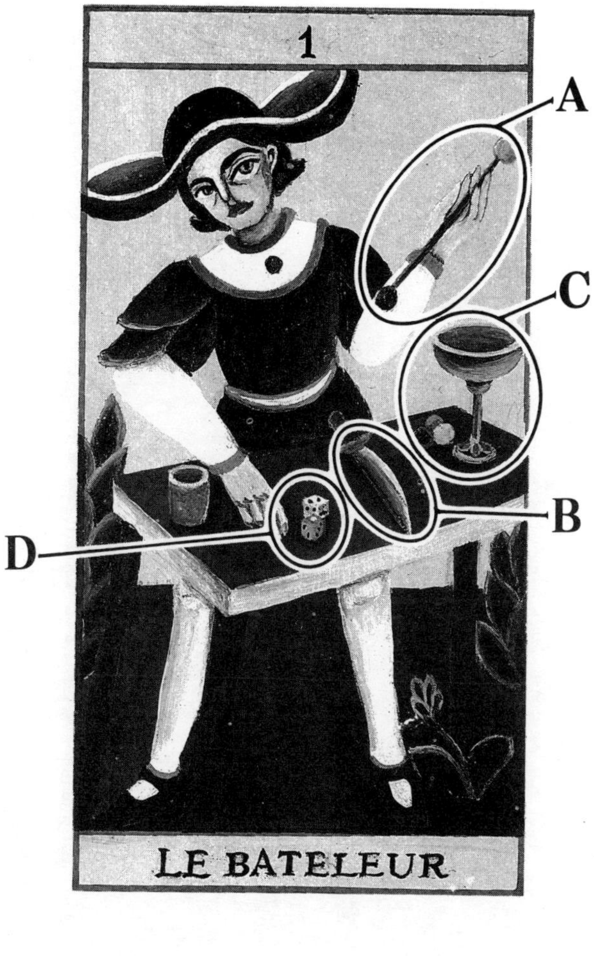
1
A
C
B
D
LE BATELEUR

刀是象徵英雄的劍之相反物。刀是偷偷拿著，象徵「卑劣的武器」。最初注視刀的人，性格沈鬱，恐怕與人交往產生障礙。例如，與平常不會發生口角的友人等親近朋友吵架。

Ⓒ杯子

杯子象徵「友情」。最初注視杯子的人，在人際關係中要求體貼，與人交流的願望強。

Ⓓ骰子

骰子象徵「運氣」、「偶然」。最初注視骰子的人，要求偶然相遇機會的慾望強。與某人不期而遇會帶來幸運。

2 女教宗

給予人類無限力量的女性

〔紙牌的圖案〕

紙牌上所描繪的女教宗，和教宗一樣正面坐在玉座上。此外，後面掛著簾幕、面紗之類的東西。

女教宗身著高貴氣氛的服裝。另外，頭戴新月象徵有角的伊西斯（埃及神話司健康和生命之神）冠，胸掛陰陽太極飾品，手持書或卷軸。書半開或以衣裳遮住一半。

提到女教宗，就讓人想起九世紀出生於德國的約翰內斯（Johannes）八世，另外還有個名字為約翰納。

她是位睿智的女性，累積嚴格的修行，終於登上教宗的寶座。只不過據說在行進中生產，不幸逝世。

〔紙牌象徵〕

•提示：「直覺判斷力」。暗示非意料中的幸運造訪將近。

女教宗還有銀星、月的尼僧之別名。因此，可以月神哈達魯或埃及女神伊西斯為意象。事實上，女教宗就戴著伊西斯的冠。尹西斯如月光般散發女性智慧、優雅的光芒，有時教示人生之道，並不惜援助。

如果拒絕這種能量，就會使對於女性智慧、支配力、影響力的不安增長。

女教宗可視為心理學中意識與無意識間的媒介。此處請注視女教宗身後的面紗。此面紗可當成通往神聖場所的入口。神聖場所一定就是無意識的領域，而面紗即為意識與無意識間的一道門扇。能夠打開此門來往兩個世界的只有女教宗一人。

換句話說，女教宗擔任向人們傳達人類具有無限大力量的任務。

女教宗拿在手中的書，是睿智的象徵。探尋無意識領域，解開秘密語言之鑰，就是這書。

〔透視內心的四種項目〕

Ⓐ書或卷軸

書本來是代表一切聖書。聖書中包含戒、倫理、生存的智慧。而象徵書的是魔術、秘密的智慧等語言。最初眼光焦點放在書上的人，是對自己的生活方式存疑，想在不為人知的情況下改變自己，所以希望智慧。此外，也可視為是單純對於知識的關心，尤其表現出對於尚未被重視的新學問之憧憬。

Ⓑ冠

冠一般象徵富裕、名聲、正義、威嚴等國家的統治者。希伯來神秘哲學則是「舌」的意思，代表正義與慈悲之均衡。另外，冠上新月的象徵是被動之意，代表女性原理等。

最初注視此冠的人，有煩惱的事，內心呈現動搖狀態。

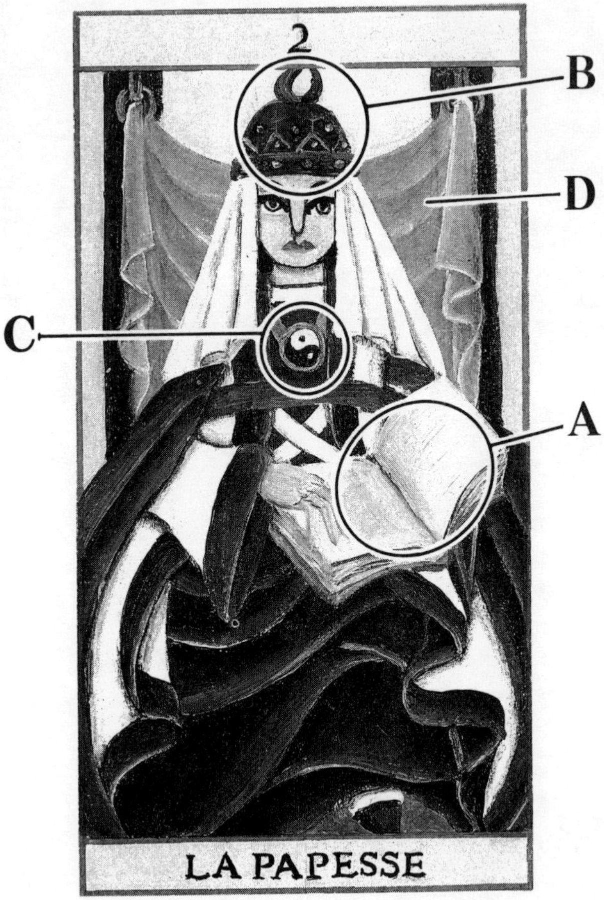
2
B
D
C
A
LA PAPESSE

Ⓒ「陰陽太極」飾品

太極飾品象徵「生命」。最初注視太極陰陽飾品的人，可說對於生命的根本，某種精神世界，超自然現象關心度高。

若非飾品，單純是衣服花樣的場合，則現在的你可能被命運束縛，也就是陷於要求自由無法如願的狀況，轉而向宗教求救。

Ⓓ面紗

面紗裡面就是聖地。面紗象徵神的守護。最初注視此面紗的人，處於渴望獲得守護的狀態。另外，注視面紗內的人，則對聖地，亦即靈界感到興趣。

3 皇后

一切人類的泉源

〔紙牌的圖案〕

紙牌中所描繪的皇后，是上了年紀的婦女，豐滿，閃耀光輝的美麗。皇后和皇帝一樣戴有十二顆星的皇冠。

依紙牌不同，也有的是皇后背後有十二顆星。另外，皇后手持錫杖與鷲紋章的盾牌，坐在屋外的玉座上。有些紙牌則以維納斯像取代鷲紋章。盾牌有拿在皇后手上，也有置於腳邊的。皇后被各種花草及鼷鼠圍繞。

這位皇后的由來並不清楚，但從拜占庭帝國或赫恩休塔威恩家（十三世紀德意志王朝），有人推測是以真實的皇后為原型。

〔紙牌象徵〕

• 提示：「富裕與安心感」、「結婚或懷孕的指示」、「意料之外的大成果」。

皇后又稱為「大母」，是人類一切的泉源。且有女神的寬容、慈悲，支配國家。一般認為這是幼吾幼以及人之幼的愛情。

此外，皇后也表示「自然的豐饒」，具有創造世界一切的能力。也就是誘使人走上有形的世界之道。所以皇后坐在屋外。

皇后在基本的物質世界發揮偉大力量，但精神世界也並非沒有女教宗般的力量。皇后也會教示人往無意識領域之道。

說穿了就是「女人的直覺」。女性下判斷沒有一定法則，當無法以因果律說明時，就有獨特的選擇。這正是無意識領域的作用。

但並非樣樣都是積極的。支配國家的皇后，也知道有時必需犧牲，亦即「死」。

〔透視內心的四種項目〕

Ⓐ皇冠

象徵皇冠的是光榮、美、名譽、勝利、精神等等。以十二顆星裝飾的王冠，代表人類的原點。換句話說，即受所有人尊敬的存在。最初注視皇冠的人，希望自己的存在受人尊敬。反過來說，也許現在的你受他人輕視。

Ⓑ錫杖

錫杖是王權之印，象徵自立、支配、王權的傳承。最初注視錫杖的人，希望周圍人受自己支配，照自己的意思行動。另外也可判斷想從現在的組織獨立。

Ⓒ盾牌

盾牌的作用是防衛、保護。最初注視盾牌的人，可說渴望保護。

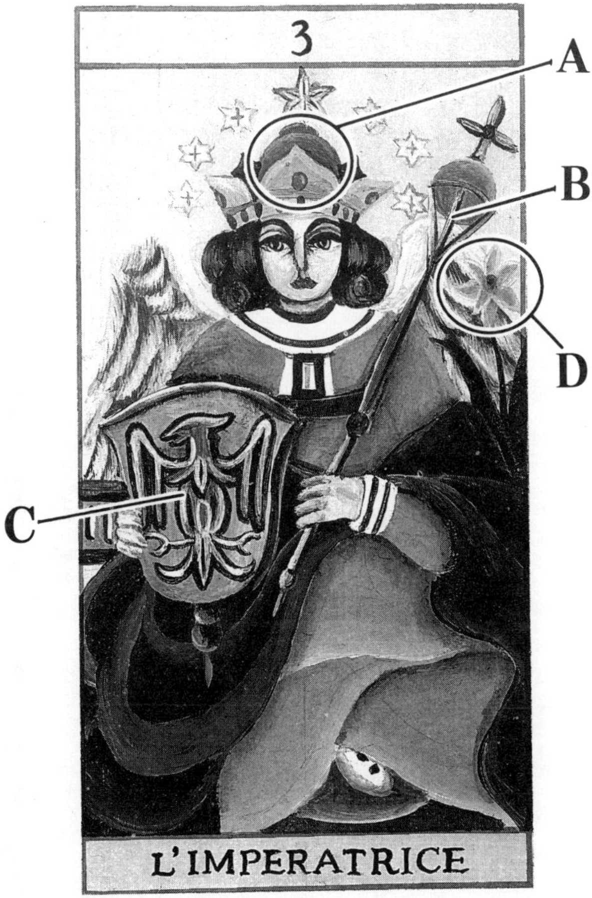
3
A
B
C
D
L'IMPERATRICE

盾上有鷲的紋章，也許可說你注視此處。鷲好比是地上的獅子，是崇高的生物，被天國來的使者信任。象徵鷲的是精神性、偉大、父親的權威等。

說起來不就是榮格的元型Old wise man嗎？總而言之，注視此鷲的人，渴望有位像父親一般的庇護者。

另外一點，鷲也象徵支配力、攻擊力、勝利等等，因此，也有兼備這種攻擊願望的可能性。

Ⓓ玉座旁的花草

花草象徵華麗與衰退。最初注視花草的人，悲嘆現在自己的不幸，而且希望有人拯救自己。

4 皇帝

以意志力獲得勝利

〔紙牌的圖案〕

紙牌中描繪的皇帝有灰色的鬍鬚，形色威嚴。頭戴皇冠，肩披長袍坐在玉座上。盾及服或鎧上描繪有羊頭或鷲。

手持玉及錫杖，錫杖上有權力象徵的陰莖及百合花。有些紙牌附有十字把手的十字架。也有些是坐在屋外的玉座上。屋外的場合，背後有山。

有學者認為，這位皇帝是以拜占庭帝國的皇帝或赫恩休塔威恩家的德意志王，菲利德利二世為模型。

〔紙牌象徵〕

•提示：「權威」、「領導力」，以往體驗的結果為正面效果。

皇帝是皇后的配偶。也有人主張表示偉大的父親、創造者丘比特、耶和華、安蒙、海格立斯、馬爾杜克。意志力創造權力甚於情緒性的愛。戰勝的皇帝堅信這種權力不會動搖。支持此信念的不單是力與智慧，也得征服無意識與感情。由此可知，這張牌意謂著「創造力」、「意志力」、「征服」、「自我控制」。

皇帝手持的玉及錫杖，就是權力。鷲紋章已如皇后一項所述，具有攻擊的意思。另外，背景是山，代表權威與孤高。從這些意義看來，皇帝為了保衛國家，有時得犧牲自己的孩子、家臣，是具有強烈精神力的「男性」，或嚴格的「父親」。也可想像是排除一切情緒，只有男性世界的狀態。

只不過，就像男性感受到女皇母親般的優雅溫柔一樣，對於女性而言，皇帝就像威嚴的父親一樣。在不知不覺中，將皇帝當成old wise man般的元型，進入無意識的領域。換言

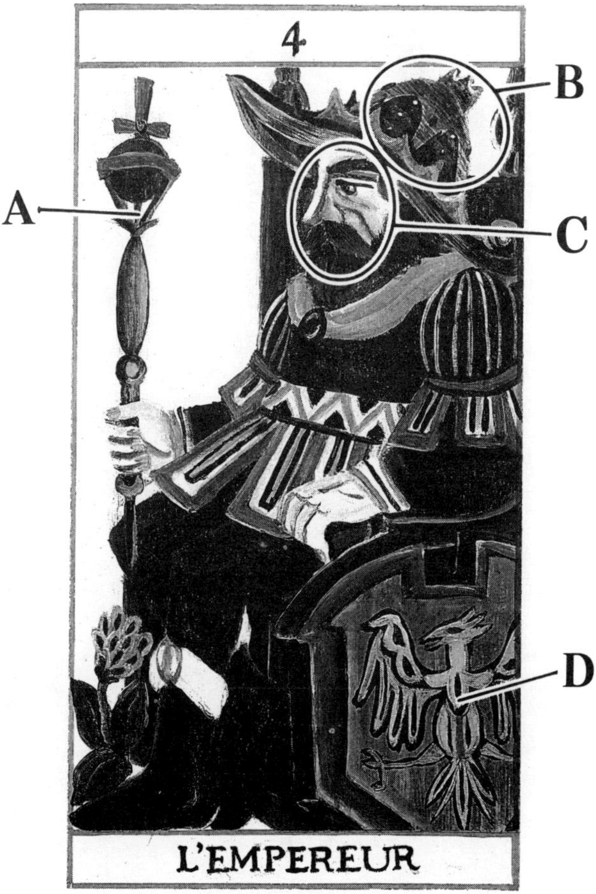
4
A
B
C
D
L'EMPEREUR

之，在嚴格中存有高尚的「智慧」。從這方面看，皇帝也可說是偉大的父親。

〔透視內心的四種項目〕

Ⓐ錫杖

皇后項目中已經敍述過，錫杖是王權之印。另外，也是男性能力的象徵。在此，最初注視錫杖的人，受到自己男性魅力的驅使，會希望周圍的人依照自己的想法行事，具有支配願望。即使旁人認為你自信過剩，你也非照自己意思行事不可。

Ⓑ皇冠

象徵皇冠的是光榮、美、名譽、勝利、精神等等。最初注視皇冠的人，有以上願望，而有時只是想以這些來裝飾自己，形成虛榮的結果。對於現在自己的知識、能力、地位，則有驕傲的部分。

Ⓒ皇帝的臉

長鬍鬚的皇帝面孔好像很值得依靠，就像old wise man的印象。元型的父親是能力強，將不可能化為可能的全能男子。最初注視臉部的人，向父親般的人撒嬌、請求依靠的願望強烈。反過來說，現在的自己處於不安定狀態。

此外，不僅臉部，從皇帝的全身看得出自信與行動力。注視皇帝全身的人，希望立刻獲得幫助。

Ⓓ盾牌

盾牌是為了防衛與保護。最初注視盾牌的人，內心渴望保護。另一方面，也希望自己的能力被認同，或得到與自己能力相當的地位、名譽。

5 教　宗

連接神的世界與現實世界者

〔紙牌的圖案〕

紙牌中所描繪的教宗，坐在位於二根柱子中間的玉座上。身穿法衣的教宗，頭戴三層皇冠。

有些紙牌描繪留鬍鬚的教宗，左手拿著有三層十字架的錫杖，右手二根或數根手指向上指。教宗給二位跪地聖職者祝福。聖職者剃髮，或戴有寬邊的圓形帽子。

在中世紀時，很忌諱在紙牌上描繪教宗，所以教宗大概都是在提心吊膽的狀況下被描繪出來，或趁教宗不在意大利時描繪。

根據這張紙牌中所描繪的教宗，是十二世紀的伊諾肯地伍士三世。另外也有異類僧侶假裝教宗的說法。不過假裝一事不太為人接受。

〔紙牌象徵〕

•提示：「思慮」、「好女性協助者」、準備與直覺是成功的條件。

在天主教方面，教宗是站在支持正統基督教的重要立場。因此假如皇帝是地上的行政者，教宗就是神世界的立法者，或者地上神的代表者。

不過，塔羅牌的教宗是擔負連接神的世界（無意識領域）與現實世界（意識領域）的任務。展現最明顯的是教宗後面的二根柱子。這根柱子代表二個世界的出入口。當然，裡面是神的世界。

由於將神世界的語言傳到人間，所以教宗的存在看起來就更超自然了。不僅語言，教宗的身分也很重要。教宗右手幾根手指向上指，給予二位聖職者祝福。另外，之所以看不見大拇指，是教宗抑制自我，冷靜傳達神之言語的證據。

教宗比世上任何人誠實、公正、嚴格、賢明。象徵此的正是頭上戴的三層皇冠。此皇冠代表完全了解肉體、感情、精神三個世界。

〔透視內心的四種項目〕

Ⓐ錫杖

錫杖是王權之印。但附有三個十字架時，意義就有些不同了。此三個十字架與皇冠一樣，象徵肉體、感情、精神三項（或知性、感情、意志）合一。最初注視錫杖者，希望這三者平衡。

Ⓑ教宗的右手

右手的姿勢是祝福的典型。但右手本來代表攻擊、男性、合理、意識，因此換言之就是內在潛藏與祝福相反的差異。

最初注視右手的人，希望成為行動更積極的人。但不是在柔性方面，具體而言是對於能力、智力、精神力的憧憬。

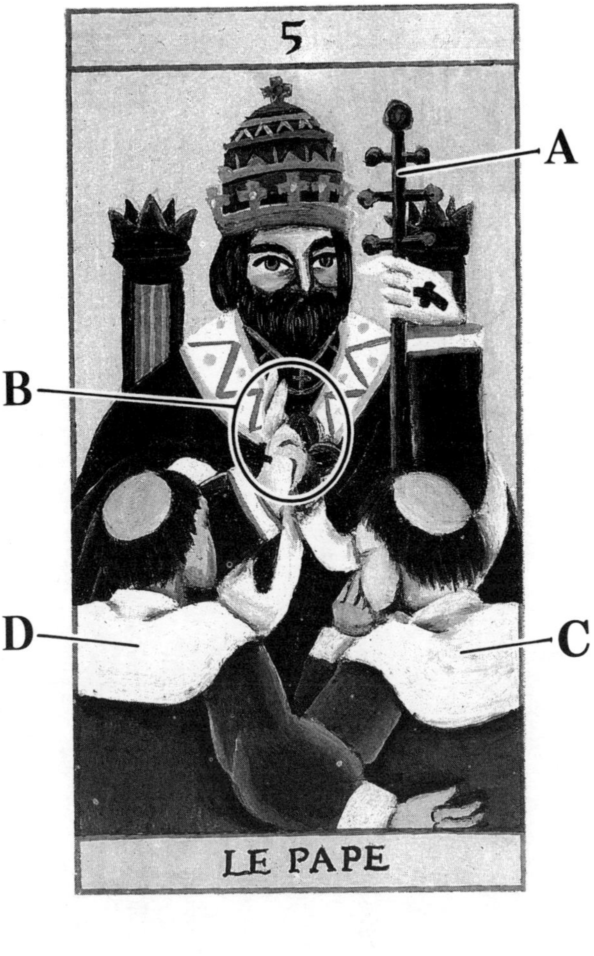
5
A
B
D
C
LE PAPE

Ⓒ右側聖職者

聖職者是信仰心的象徵。這二人有很大差別。右側聖職者大概是瞑想的印象。最初注視右側聖職者的人，對事物沒有反抗心，是希望信仰、信賴純真的人。對於自己做了什麼壞事，存有懺悔心。

Ⓓ左側聖職者

左側聖職者與右側聖職者正好相反，表現攻擊、衝動的印象。最初注視此處者，有強烈反抗、反彈、自我主張慾。換句話說，對於現狀非常憤怒，一旦過度時可能成為暴力行為。

6 戀　人

感覺比理性活動

〔紙牌的圖案〕

戀人依紙牌不同，分為二類型。一種是正中央為男性，左右站著二位女性。二位女性均對男性有好感的表情，男性徬徨不知該選哪一方。男性頭上有邱比特射箭，好像在逼迫男性快點決定的樣子。邱比特背對太陽光芒。

另一種是右側為背負生命之樹的亞當，左側為背負智慧之樹的夏娃，頭上的雲間有展翅如天使般的人物與光輝太陽窺視。另一面看得見聳立的山。

一看就知道這張紙牌與亞當、夏娃，或海格立斯有關聯。此外，紙牌象徵的解說由前者進行。

〔紙牌象徵〕

•提示：「憧憬新戀情」、「無意識的一見鍾情」、「閃電帶來好運」。

亞當與夏娃的故事很有名。亞當和夏娃是男與女的象徵，另外也象徵人生之「旅」。假設左側女性是母親，右側女性是戀人，在此，母親象徵習慣、傳統，戀人象徵未來、獨立。男人站在二人之間，面臨不知該如何抉擇的苦惱。

此時，男子不像擺垂已經在兩者之間測得均衡。結果，男性根據理性、直覺、意識、無意識，選擇了戀人，開始新的人生。舊約二元性解除之後，又有新的男女產生二元性。在此，男女之間重要的是，直覺勝於理性、無意識勝於意識。

促成男子決定的是，邱比特所射的箭。邱比特是羅馬神話美與愛的女神維納斯之子。換言之，是「愛神」的同時，也是無意識的使者。

邱比特的箭也有二元性。也就是邱比特的箭有二種類。一種是產生愛的銳利黃金箭，另一種是追求愛的遲鈍鉛箭。總而言之，邱比特的箭不僅是事情的開始，也可預言結果。

〔透視內心的四種項目〕

Ⓐ邱比特

如前所述，邱比特是「愛神」。最初注視邱比特的人，對戀愛具有強烈願望。

此外，對性的關心度也高。邱比特喜歡三心二意，像孩子一般淘氣，也許你也有和誰胡搞的慾望。

Ⓑ男性

在此，男性一定是亞當。男性站立的位置有重要意義，正中央代表平均。

最初注視男性的人，會一視同仁，沒有差別心地與人交往。換言之，一直找尋可靠、談得來、能給予協助的人。至於對性方面的關心，追求像父親、母親般年長可靠的異性。

Ⓒ左側女性

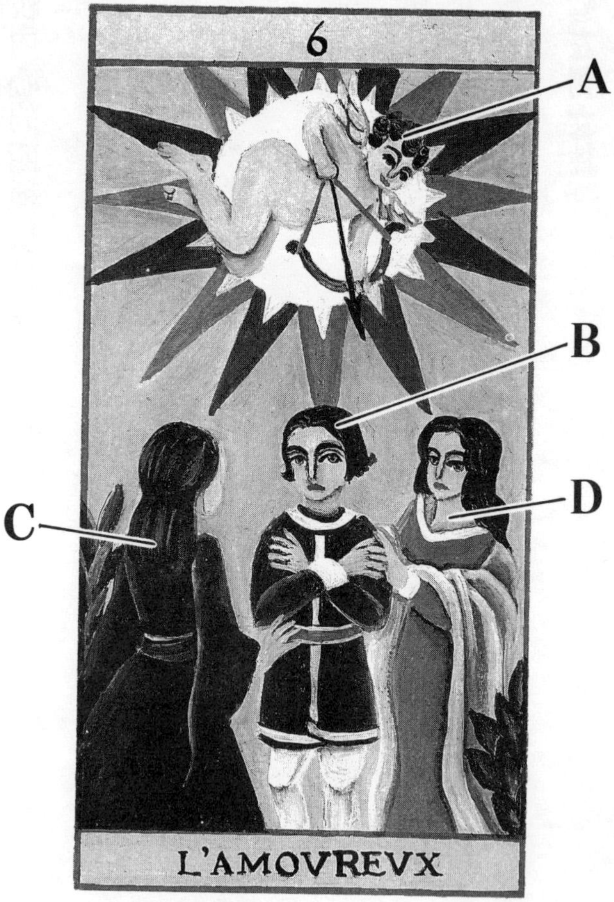
6
A
B
C
D
L'AMOVREVX

左側女性站在男性的右側，所以實際上是「右」。右側代表精神性、男性、意識、理性、睿智等等。最初注視左側女性的人，對於性希望理性，也就是希望壓抑自己的慾望、性慾求。

Ⓓ右側女性

右側女性站在男性的左側，所以實際上是「左」。左側代表物質性、女性、弱、自由、無意識。

最初注視右側女性的人，對性希望更率直。例如亂倫或冒險性愛情。

7 戰車

毫不迷惘地走在人生道上

〔紙牌的圖案〕

此張紙牌描繪的是，搭乘二匹馬或人面獅身所拉，附有蓋頂的馬車之勇敢年輕人，亦即勇士。這相當於古代的戰車。人面獅身的場合，顏色有紅與黑，或白與黑之不同。

戰車的蓋頂有星星。戰士身著鎧、冑，右手持錫杖。看看鎧會發現兩肩處有新月般的形狀。

冑與蓋頂一樣有星星。有些紙牌的背景是以城壁圍成的都市。

紙牌中描繪的戰士不知是誰，一般認為是希臘神話中出現的太陽守護者阿波羅。

〔紙牌象徵〕

・提示：「大人的世界」、「暗示努力就會成功」、大意則失敗。

塔羅牌是由整體循環組成，此戰車更顯著將其表現出來。請看年輕人意氣風發的臉部表情，也就是之前在「戀人」中面臨二擇一的痛苦年輕人，在這張紙牌中證明他的選擇是正確的。年輕人內心的踴躍，在外面的世界（人生）中表現出來。從雙親的庇護中解放，從此進入人生的形成期。

年輕人的心在二匹馬車或人面獅身中表現無遺。能夠同時駕馭二匹馬車，是因為年輕人的手無絲毫狂亂。年輕人的精神狀態相當良好，也可以說，年輕人是內在世界的勝利者。

年輕人的旅行保證安全。象徵安全的是，由四根柱子圍成的四角馬車及胄。此外，馬車表現出從現在開始進行安全之旅，以及自制心、意志力。往今後未知人生起航的期待，被高亢的志氣所包圍。看年輕人的兩肩有二個新月，表示漲潮。年輕人支配存在自己心中的宇宙。手持錫杖代表強烈意志力。

但也有負面意義。那就是一個人出發，並不是那麼簡單就能捨棄對親人、故鄉的思念。年輕人當然心中也留有思念之意。

〔透視內心四種項目〕

Ⓐ年輕人

如前所述，年輕人身心充實，明朗地往人生邁一大步。此外，年輕人是戰士，即使遇到人生的困難，也充滿戰勝的意志力。

最初注視年輕人的人，希望勇氣、決斷、野心、冒險，也就是在工作、異性、旅行等方面，具有積極行動的心境。

Ⓑ左側馬

馬是在無意識中產生作用，象徵直覺敏銳。馬代表本能的力量。另外，榮格認為馬象徵great mother，代表本能的智慧。不管怎麼說，馬引發的聯想均為本能。

7
A
D
B
C
LE CHARIOT

最初注視馬的人，燃燒激烈的野心與情慾。希望對於自己熱衷之事全力投入。

Ⓒ右側馬

也就是馬車左側的馬，為主動、溫柔，女性的意象。

最初注視右側馬的人，有壓抑野心、慾望的心情。滿足現在平穩的狀態，將柔弱全面拋出應該是最佳選擇。

Ⓓ錫杖、盾牌

錫杖和盾牌是權力、金錢、名譽等的象徵。最初注視錫杖和盾牌的人，希望家世、名譽，對於人、物沒什麼志向。

8 正義

目不轉睛地看著現實，
使一切平衡

〔紙牌的圖案〕

這張紙牌描繪的女性，乍看之下像皇后，實際上這是正義的女神，亦即裁判的女神。女神和皇后、皇帝一樣，坐在有二根柱子的椅子上。女神頭戴冠，展現一本正經的臉龐。另外，左手持天秤、右手持劍。

「正義」紙牌有些位於第11號。

正義女神的模樣，自古即為人知。這位女神和各種神有相關關係。

例如，量上天國人魂魄重量的埃及神歐西里斯，希臘神話中出現的正義女神奧斯都萊亞……，每位都是具有美德的女神。

〔紙牌象徵〕

・提示：「勇氣與熱情」、「道德與秩序」、暗示有相逢也有離別。

天秤是站在與自己內心相反的立場，在中間保持平衡之意。這也是支配、操縱某種矛盾感之意。注意到自己內在的不平衡很重要。

利用天秤測量自己意識與無意識的平衡，對人生而言非常重要。無意識突出就看不見現實，意識過強則流於權力、金錢等物質主義。

女神手持天秤有其意義。天秤一般代表「正義」之意，但拿在支配者手上，則象徵「權力」。另外，拿在涅墨西斯手上則為「復仇」之象徵。

像這樣，天秤因拿的人不同而有不同意義。

另外，女神手持的劍，是在裁判判決時使用。這也因拿的人不同而有不同意思，暗示為兩刃劍。

〔透視內心的四種項目〕

Ⓐ天秤

如前所述，天秤代表正義之意。最初注視天秤的人，希望正義、道德、秩序。這是你現在反省以前的人生多隨便、多不尊守社會規則之象徵。另外，也可視為周圍的人批判自己，此時應謹慎。

Ⓑ女神

專司裁判的女神，具有高度道德心與秩序心，但在周圍人看來，則有點冷漠。

最初注視女神的人，有希望更冷靜的願望。也許要求對於世上的批判精神。

此外，冷靜從消極面而言，有冷淡、不太顯露本心的意思。如此一來，則人際關係會有點問題。

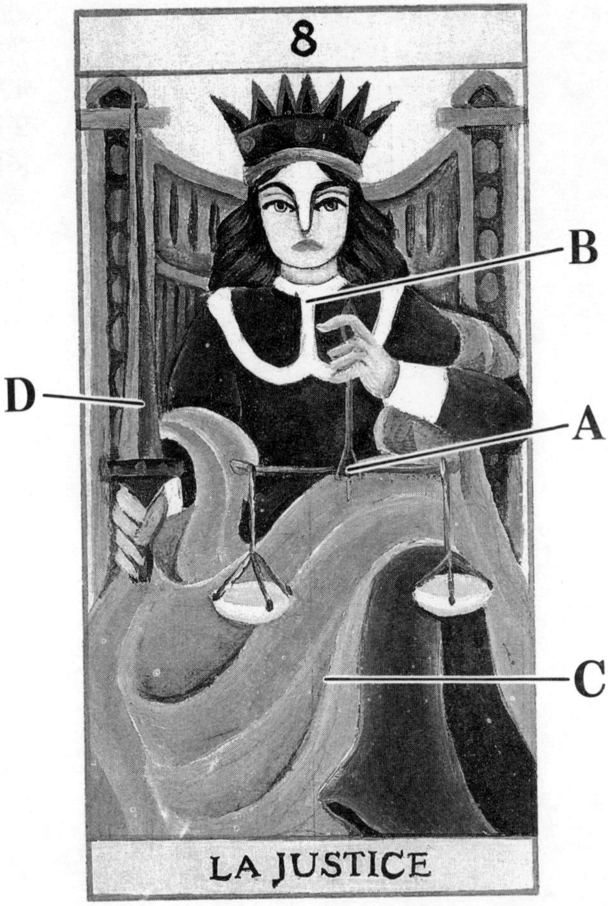
8
B
D
A
C
LA JUSTICE

Ⓒ女神的下半身

女神的下半身用裙子遮住腳。最初注視下半身的人，對性有掩飾的心態。本來是追求性，但不知為什麼又想控制這樣的自己。

Ⓓ劍

劍是正義的裁判。此外也表示對於不正的憤怒。最初注視劍的人，有保護自己或自己的夢的心情，但卻又不是那麼堅持。有時候打算使用自己的潛在能力。

9 隱者

知識才是最大的寄託

〔紙牌的圖案〕

此張紙牌所描繪的隱者，是留著白色鬍鬚的年長者。隱者身穿粗衣，外罩一件大斗篷。左手持重拐杖，右手提油燈。有些杖有蛇卷曲的紋路，呈波狀。

隱者有立者、有行者。前行之路被昏暗的提燈照射。有些紙牌的背景描繪山。

此張紙牌別名「聖者」。據稱以卡布奇修道會的修道士為模型。另外也有人主張這代表古代智者第歐根尼•拉爾修（Diogenes Laertios）。

〔紙牌象徵〕

•提示：「反省就是前進」。重要時當謹慎。

隱者不單是捨世之人或乞物之人而已。其證據在於隱者代表孤立、完全主義的同時，也象徵著堅固、節制、忍耐。

這裡的隱者更代表絕對的智慧、正道。表示絕對的追求與永遠的巡禮。但從負面而言，表示孤獨、警戒心強的樣子。

在黑暗中緩慢踱步的老人，是塔羅牌的折返點，這應該不難了解。以前是意識世界的人生，接下來要往瞑想、無意識、內在面之道前進。向此道前進，可以看見世上的一切，想在孤獨中瞑想自然界，緩慢踱步前進，就需要具備隱者之姿。

隱者所依靠的是一支拐杖與手提油燈。拐杖不只是支撐身體，從拐杖上纏繞的蛇身，即可看出隱者所積蓄，存在無意識領域的知識。光靠體力無法進行旅程，知識才是最佳幫助。

油燈是到達內在道路唯一文明的道具。油燈代表不滅的真理、忍耐孤獨、忍耐悲傷的心。也可比喻為孤獨中的一盞明燈。

〔透視內心的四種項目〕

Ⓐ隱者的臉

隱者在往內在之道進行前，累積為數不少的經驗，而這些過去的經驗表現在臉上。最初注視老人的臉者，憧憬過去的名聲、權威、力量。這並沒有什麽不好的意思，表示重視舊有、歷史、傳統、習慣。這種人道德觀強。

Ⓑ提燈

提燈如前所述，象徵忍耐孤獨不滅的真理。最初注視提燈的人，追求精神更高知識、哲學、宗教的慾望強。經常不滿現狀，以更高層次為目標，希望將自己往上提升。對於未來自己將會如何，心中擁有夢，在意識面也可往上提升。

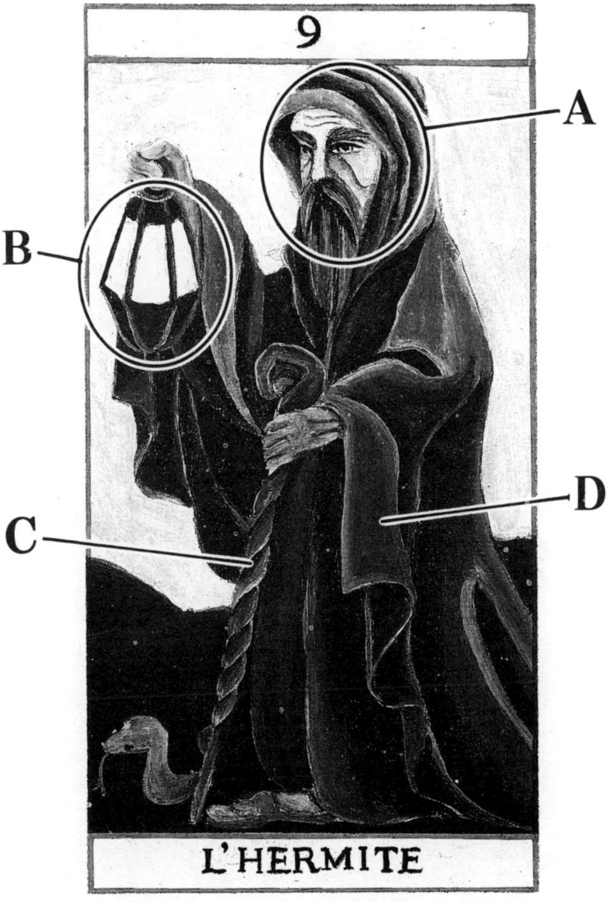
9
A
B
C
D
L'HERMITE

©拐杖

拐杖象徵積蓄的知識。在此是指安全生存的知識。

最初注視拐杖的人，在面對未來行動時，常慎重行動，自我警戒心強，表現出絕不冒險或做危險事情的意志。說得坦白點，就是只要橋有點動搖就不渡橋的堅定。

Ⓓ其他部分

注視隱者所著衣裳的人，有掩飾自己的失敗或身體缺陷的心。

注視隱者的腳者（實際上看不見腳），表示現在的家庭不安定，想依靠某人的心情。換句話說，就是迷惘的象徵。

注視以上部分以外的人，具有想無視權威、地位，以及想反抗的心情。總而言之，是一種不想受世俗眼光束縛的反彈心。

10 命運之輪

誕生、死亡、再生……
一切不斷重複

〔紙牌的圖案〕

這張紙牌的圖案看起來有點奇怪，而且依紙牌不同，呈現形形色色的描繪圖案。光是一個輪，就有浮在空中、浮在海上的船向空中伸展等等。而且有些不只是輪，還有像時鐘文字盤般的輪，上面寫T、A、R、O四個字，以及用希伯來文寫希伯來四個神的名字。

輪上是人面獅身像，或像龍一般的生物。想爬上輪的有狗、猿、驢、猴或鼷鼠般奇怪的生物。

也有些紙牌上描繪人類，大致是從輪下來的樣子。蝦子也是從輪下來的物。

〔紙牌象徵〕

•提示：「新命運的開始」。拘泥於過去的失敗導致負面效果。

迴轉之輪象徵永遠、超越、進步、曼陀羅。在此，命運之輪巡禮宇宙生命，也就是如印度思想輪迴轉生般永遠廻轉。所謂輪迴轉生，就是車輪迴轉不停，靈魂輾轉接受其他生命，在迷惘的世界上來回。

換句話說，人類誕生與死亡、再生循環不已，永遠受此命運束縛。在此，人們看見了無法推翻的新命運。

這裡是一切的轉換期，是一般所謂神的意志，也是每個人具有的無意識力。

命運之輪上，有異樣生物出現。狗頭人身、猿、猴、鼷鼠般的生物……。但那到底是什麼，在這裡不是什麼重要問題。爬上輪的生物，代表尚未安定的無意識項目。下輪的生物表示自我。自我是想要抑制自己行動的重要作用。

輪最上方的獅身人面或龍之生物，代表支配命運之輪。

〔透視內心的四種項目〕

Ⓐ上輪的生物

如前所述，上輪的生物是從現在起進入無意識的新項目。也可以說是進化過程中充滿力量的狀態。最初注視上輪生物者，極力渴望超越不幸、掌握幸運，代表積極性。多為外向之人，這些人會捉住機會。

Ⓑ下輪的生物

下輪的生物表示自我。自我不管從哪一個角度來說，都有內向的傾向。最初注視下輪生物者，遇到難得的機會都想抑制自己的行動。

因此，不論做什麼都在沒有什麼進展，或產生負面結果。這些人也可以說是下降運，真擔心會不斷失敗。

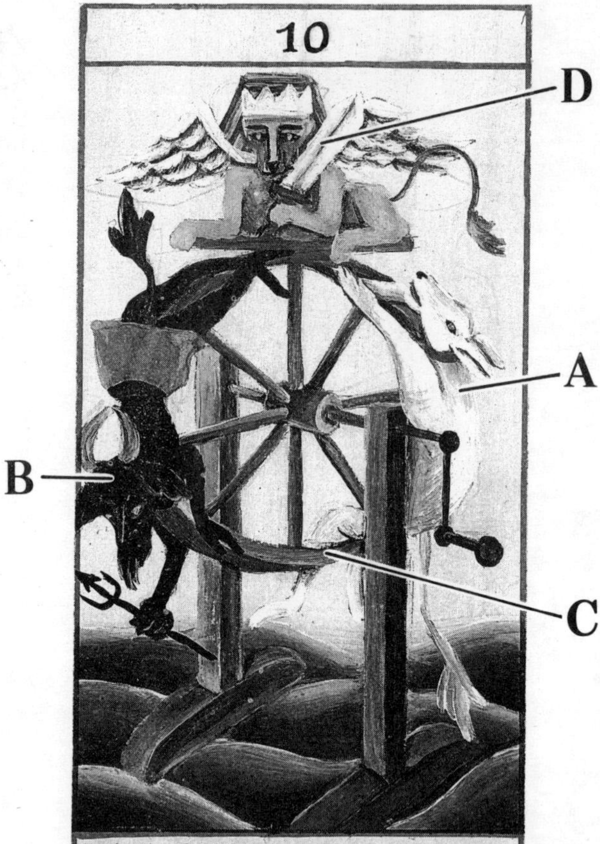
10
D
A
B
C
LA ROUE DE FORTUNE

Ⓒ命運之輪

命運之輪是曼陀拉，也就是人類的命運。相信神存在的人，會活用無意識的領域，尤其眼睛向著輪，讓心被牽引。

最初注視這個輪的人，希望一切事情順其自然，也就是我們常說的「聽天由命」想法。這不是依靠神或其他任何力量，而是在無意識中計算幸運與不幸運的律動。

因此，當「想轉換方向」時，會從無意識的領域發出這種指示。

Ⓓ輪上的生物

輪上的生物掌握命運之輪的轉動，能從高處大處看一切事物。最初注視輪上生物者，有支配他人的願望，或希望他人看見自己的存在價值。

11 力量

首先與內在敵人(=自己)戰鬥

〔紙牌的圖案〕

紙牌上所描繪的女性，是女王或年輕少女，年齡各異。女性頭戴皇冠或帽子，呈現∞字型。帽子沒有∞字時，頭上浮現∞字。

女性將手放在獅子口中，獅子的口有開有閉。總之，是想控制獅子。有些紙牌的背景是山。

此紙牌也有些稱為不屈的精神、大衛、女力士。也有些紙牌將此張紙牌排在8號。

〔紙牌象徵〕

提示：「不屈的精神」、樂天想法有助益

這是弱女子與兇猛野獸的異樣組合，而且女子用力制伏獅子。

此處的女子不僅使用外力，也表現出內在之力。也就是心中超越危險。

一般而言，這種為勇氣，實際上是「不屈的精神」。這也是表示獅子或獅子座的形容詞。

這時候，女子控制了自己內部獅子所具有的野獸精神與熱情。頭上∞的記號代表無限大，因為女子永遠具備這種力量。

此張紙牌暗示，在面臨危險、恐怖、障礙時，每個人內在精神有跨越的力量。

換句話說，危險、恐怖、障礙等敵人，不在自己身外，而存在於自己內部。

我們常說：「和自己做戰」。在和外在敵人做戰之前，非得戰勝自己內在敵人不可。

此外，要扭轉命運，就需要如女子這般的力量。

而在你看這張紙牌時，直覺他是女性或男性，對於命運的想法也不同。

看起來像男人的人，具有挑戰命運、戰勝命運的決心。看起來像女人的人，總認為命運不是操在自己手中，一切聽天由命。

〔透視內心的四種項目〕

Ⓐ女子的手

伸進獅子銳利牙中的纖細女子之手。這是不由得想轉過身去不願面對的光景。

最初注視此手的人，憧憬大膽、勇氣與行動，自己常站在「強」者的立場。希望面對權力。

Ⓑ女子的臉

即使與獅子對峙，仍然若無其事的臉龐。最初注視女子臉部者，追求知性美的生活方式。你希望擁有與別人不同個性的生活方式。

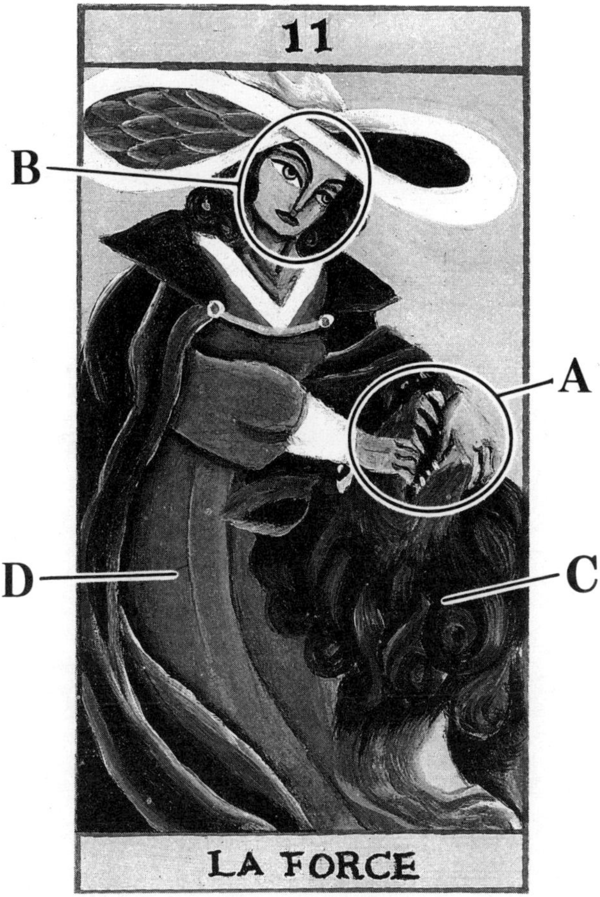
11
B
A
D
C
LA FORCE

Ⓒ獅子

獅子一般而言象徵隱藏的熱情。最初注視獅子的人，可說對性慾的要求高，而且追求不一樣的愛人與被愛方式。

Ⓓ其他

紙牌的主角是女子與獅子。最初注視項目在此之外者，有不想捲入麻煩問題的心情。事實上，這也想要那也想要，但欠缺行動力。

12 倒吊男

不惜犧牲自己的生命

〔紙牌的圖案〕

年輕男子被倒吊在樹枝所做像斷頭台般的橫木上。被綁的多半是右腳，但也有些紙牌描繪的是左腳。另一腳彎曲，看起來像十字形或三角形。雙手被綁在後面或交叉在後。

雖然被倒吊，但男子臉上沒有露出痛苦的表情，非常穩重，甚至令人覺得他因被倒吊而喜悅。有些紙牌描繪男子臉被光圈環繞。

男子的手是被綁在後方，或交叉在後方，沒有確實證據。也有人想像身後是不是隱藏財寶之類貴重物品。從這裡，榮格誤解這位男子模仿基督。

「被倒吊的男子」是塔羅牌中最奇妙的畫，無法以基督教的理論說明，只能說是塔羅牌異教信仰的故事之一。

〔紙牌象徵〕

•提示：「從物質慾望中獲得解放」、追求眼前利益導致負面效果。

前項的「力量」是測試勇氣。接下來要測試的是信仰。這是紙牌的主題。

這張紙牌至今被如此解釋。換言之，要真正成功，除了與人類社會聯繫外，還得接受宇宙的法則。

因此，信仰很重要。犧牲自己可以獲得心靈平和。也就是禮讚死後的世界。由此可知，這張紙牌的宗教色彩強烈。一般而言，倒吊在樹上的行為，代表對神明生之讚的宗教儀式。這種儀式一直在世界各地進行，直到中世紀。但這張紙牌還有更深意義。

被倒吊的男子，與其說是為人人犧牲，從其穩重的表情來看，是自己的意志往神的世界前進。這包含完全從物質慾望中解脫之意。這可由倒吊在樹木上說明。樹木代表生命或神，男子藉信仰這條繩子與神聯繫。

另一方面，這張紙牌也是使不可能成為可能的試驗。暗示只有這分心，就能超越種種不幸。亦即不求人，靠自己開創新運。

〔透視內心的四種項目〕

Ⓐ男子的腳

被綁在樹枝上的男子腳。如前所述，男子與神結合，但表面上表示困難狀態。最初注意男子的腳者，希望從現在的障礙中解脫。這也不能依賴他人之力，而以自己內在力量為解脫目標。

Ⓑ男子的手

放在背後的男子的手在做什麼？至今塔羅牌研究者也有各種說法，尚無定論。可以說男子的手隱含謎題。最初注視男子手的人，有自己的秘密絕對不讓他人知道的願望。但這也遭到周圍的人誤解。

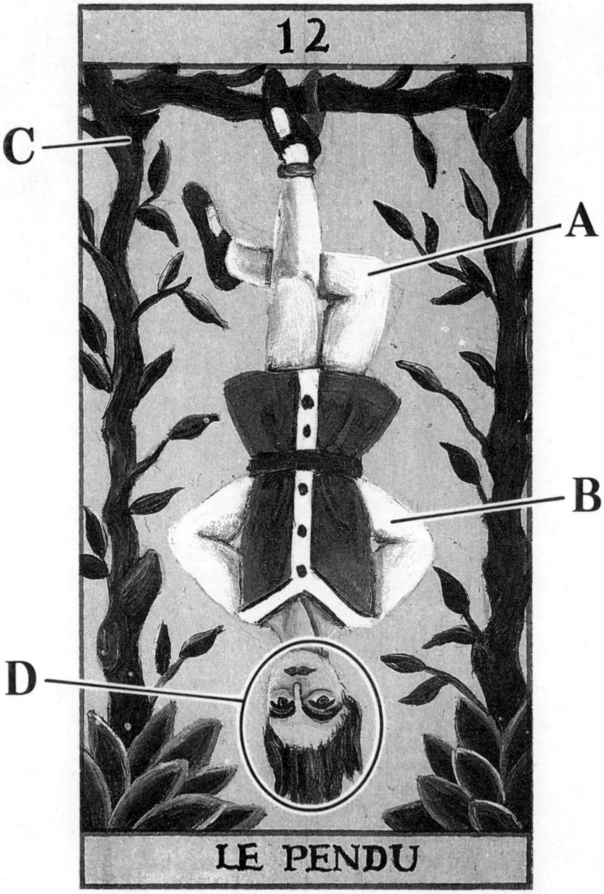
12
C
A
B
D
LE PENDU

©倒吊的樹木

這個樹木象徵永遠的生命。最初注視樹木的人，希望自己身體健康一直保持。即使自己現在處於困境，也有向生命挑戰的意慾。

Ⓓ男子的頭

男子的頭倒反過來。最初注視男子頭的人，希望自己想到好主意，這樣就能脫離現在困境。

13 死神

創造新秩序的神聖力量

〔紙牌的圖案〕

這張紙牌位於第13號，而且主角是死神，實在是感覺不好的圖案。一般人認為13這個數不吉利，就是因為塔羅牌的死神在第13號。

死神是骨骸。而且動作看了很不舒服。手上拿的是大鐮刀，好像在耕作似的切割人體。不知道是不是已經切完了，戴冠的頭和女性頭顱滾在一旁。有些紙牌描繪後面有川流，二個塔之間有西沈的太陽。

另一種類型是，骨骸披胄甲、乘白馬行進。骨骸持著描繪薔薇紋章的黑旗。馬前有倒下的國王、年輕少女、少年、教宗等等。他們好像在等待死神下達死亡宣告。背景是二個塔之間看得見太陽。

〔紙牌象徵〕

•提示：「生命的再生」。改變以往生活型式有正面效果。

這張紙牌象徵「再創造」。死神在使舊生命重返大地，成長為新生物的自然原理中，擔負重要任務。

死並非自體的完結。生物死後，死骸重返大地，成為未來豐富大地的基礎。死骸是產生新生命的肥料。其證據就在於大地中均衡的身體部分，配置得就像培育紅蘿蔔、甘藍菜等新作物一樣。

因此，死神並沒有殺害活著的人，這也許只是人類的戰爭現場。

由此可知，紙牌中所描繪的死神，並非單純令人恐怖的存在，或危害人類的存在。死神其實正是使生命再生的協助者。

〔透視內心四種項目〕

Ⓐ死神的上半身

人上了年紀後，外表會出現大變化。但骨骸就沒什麼變化了。換句話說，只有骨的死神代表普遍性。

最初注視神上半身的人，希望忘卻疾病之苦或令人擔心的事。但現實生活中卻無法忘記，不知該如何消解這種不安。

Ⓑ死神所持的大鐮刀

鐮刀代表豐饒、收割之意，但消極意義象徵「死」。最初注視鐮刀的人，有什麼大衝擊、打擊、悲傷等造訪的預感。這應該是從未體驗過的人生最大事件。這雖然不是願望，但自己知道從無意識中湧出。

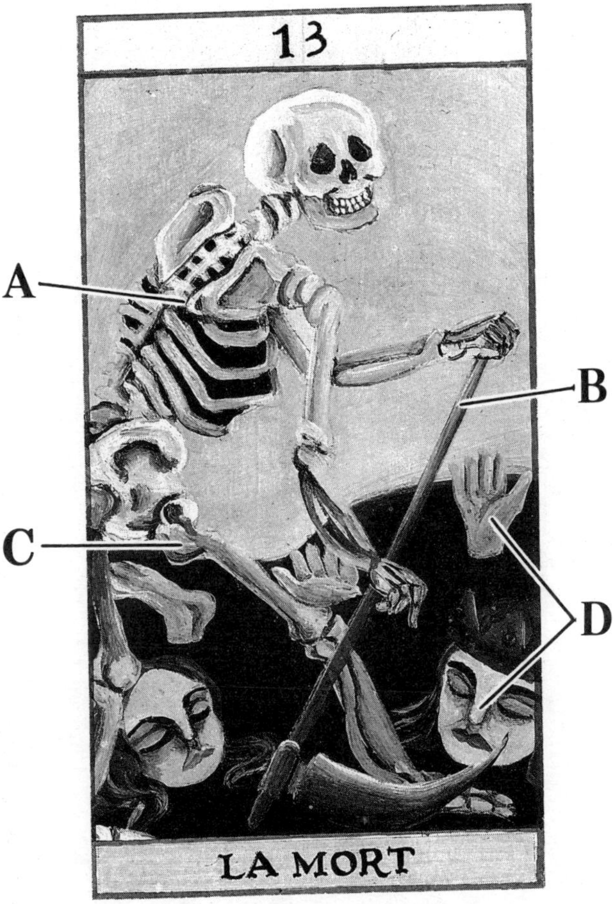
13
A
B
C
D
LA MORT

©死神的下半身

最初注視死神下半身的人，有苦惱、苦痛接踵而至的預感。即使有預感，也束手無策。焦急反而使精神混亂，鎮靜才能得到好結果。

Ⓓ零零散散的人手、臉等

最初注視地面散落之人的手、臉等物之人，是對某特定人的怨恨具體表現出來。沒注意到的人在無意識領域中逐漸擴大，差不多快達到限界了。呈現不知什麼時候會在意識中爆發的狀態。

14 節　制

成為更高層次的自己

〔紙牌的圖案〕

此處描繪有翅膀的天使。天使的衣服胸前呈圓形與三角形，有時在塔羅牌的正方形中描繪三角形。另外繫著T字形腰帶。

天使坐在圓球的三角形上。有些紙牌描繪一腳在大地上，一腳浸在泉水中的情景。泉邊花草茂盛。天使一手拿著器具往另一個器具注入水一般的液體。器具是藍與紅，或金與銀。

像這種拿著一個器具往另一個器具注水的女子，據稱是以拜占庭，中世紀歐洲的美術為原型。此外，節制紙牌也稱為錬金術師。

〔紙牌象徵〕

・提示：「協助者」。焦急有負面效果。調和、協調才有助益。

這張紙牌的意象是「結合」或「轉移」。

天使存在於神與人的中間。雖然我們眼睛看不見，但天使經常來神的世界與人的世界傳送訊息。也就是神的使者。此處所描繪的天使，是擔負使二樣物品結合的協助者任務。

天使一腳浸在泉水中，水代表無意識的領域。當然，另一隻腳所踏的大地代表意識的世界。天使猶如兩方的媒介般存在。感覺這裡的泉水深的人，可以說無意識的領域寬闊。

從一個器具往另一個器具注水，象徵二者結合、融合。二者代表男性與女性、知性與感情、意識與無意識、精神與肉體、月亮與太陽等一切二元性機能。藉由此結合，一切都會達到更高層次。換句話說，藉著結合轉移至另一個存在。

因此，這張紙牌代表從過去通往現在、流向黃金的未來這種連續性。如此看來，可能在自己命運好轉前接觸。使自己同化在其連續性中是最佳選擇。

〔透視內心的四種項目〕

Ⓐ二個器具

此器具是瓶、壺、杯或聖杯，並無法確定，但其共同象徵是「女性」。或者也可表示女性性器。

最初注視此器具的人，在無意識領域中，呈現物質慾求與精神傾向對立的狀態。例如，肉慾與性道德心的對立。這種狀態長久持續會造成內心混亂。

Ⓑ左手的器具

左手象徵「非合理」、「無意識」、「女性」等等。最初注視左手器具的人，肉體慾望、物質慾望強。

換言之，處於慾求不滿的狀態。而且，這些人具有很容易從無意識立刻往意識世界轉移的特徵。

14
D
B
A
C
LA TEMPERANCE

Ⓒ右手的器具

右手是「精神的」、「男性的」或「理性」、「智慧」之象徵。最初注視右手器具的人，對性抱持關心，但現在的你希望用精神性抑制。

Ⓓ其他

最初注視花、泉、天使之翼、天使的臉的人，希望穩定、悠閒的氣氛，沈浸在滿足一切慾望的滿足感中。因此表現出倦怠的心。

15 惡魔

捨棄理性能夠看見好結果

〔紙牌的圖案〕

這張紙牌的惡魔有生出二隻角的山羊頭與蝙蝠般的翅膀。留著鬍鬚，但上半身怎麼看都是女性肉體。下半身很像鱗，腳上卻有猛禽類般銳利的爪子。

惡魔手持仿照男性性器的火把或杖，站在石製台座上。惡魔下方鎖住有角及尾巴的裸體男女。這二人好像亞當與夏娃，也像惡魔的使者小惡靈。

〔紙牌象徵〕

- 提示：「本能優於理性」。異常的慾望使判斷狂亂。

惡魔的意象是以半身為山羊之姿的牧羊神為原型。牧羊神為自然神，被當成是豐饒、多產之神般崇拜。但因牧羊神過著不節制的生活，以致於喪失理性。而且其醜陋的姿態表示退步，後世將其視為與撒旦一樣。

酒神、劇場之神狄俄尼索斯也與牧羊神一樣，代表退步之神，為惡魔像。狄俄尼索斯表示無法被理性束縛的熱情。因此，榮格以狄俄尼索斯代表無意識的衝動。

惡魔暗示的是，現實世界的知識不完全，而彌補其欠缺知識的不是天使，而是惡魔。換言之，人們往往依賴理性及知識，但事實上，有時捨棄這些依照一般低俗本能，反而能造成良好結果。

繫上鎖鏈的人，代表被理性、知性束縛，而且這個鎖不是頑強的東西，暗示如果想外出隨時可以外出。

當然，也有積極的意義，這個惡魔的臉很恐怖，但肉體卻是女性，這代表性的誘惑。人的運在上升時，性慾往往在不知不覺中發生故障，這未必是意識引起的，惡魔就表示對人無意識之罪的戒惕。

〔透視內心的四種項目〕

Ⓐ惡魔

惡魔在心理學上，表示人尚未表現於現實的危險面。相當於自己的「影子」。最初注視此惡魔的人，非常在意支配自己的人或組織。即所謂「害怕影子」的狀態。即是公司上司、公司、學校、老師、家人、配偶、戀人等等。或者就是社會本身。希望從這些束縛中解放出來。

Ⓑ惡魔手持的火把或杖

火把一般而言象徵男性性器。最初注視火把的人，對於自己所遇之事有恐懼心。對於被人欺負、工作不順、性不滿足等感到不安。

Ⓒ連繫鎖鏈的人

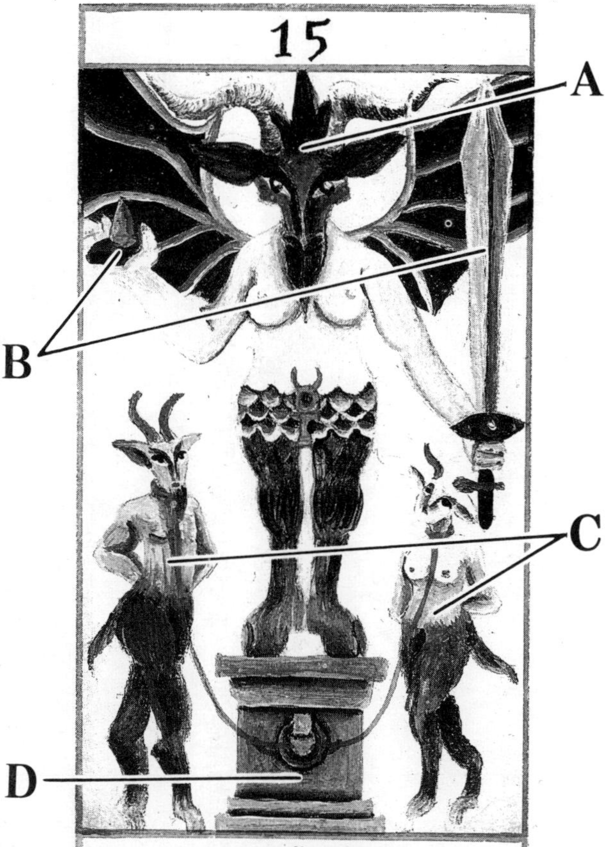
15
A
B
C
D
LE DIABLE

鎖代表咒語束縛。最初注視鎖鏈的人，對金錢或物質有強烈的慾望，可以說是被金錢、物質的咒語鎖住了。因此出現強烈物質慾。

反過來說，金錢和物質不會違背人，能夠讓你如願以償。這種人認為金錢是世上的一切。

Ⓓ其他

最初注視紙牌其他部分的人，對於自己的身體感到不安。也就是在緊張的狀態下，即使沒有任何疾病，身體也感覺到異常。如果這種狀態一直持續，便會使精神狀態惡化，也就是導致精神病。

16 塔

自己非常「不幸」

〔紙牌的圖案〕

山丘上很堅固的塔建築物。這好像是城堡的一部分。但閃電直接擊中塔的上方，塔好像就要崩落一般。塔有三個窗戶，火炎往上升。二個人落下。有些紙牌是一個人落下，另一個人往塔上爬。

附近充滿塔的碎片，這看起來象徵希伯來語的字母第10號Yod。

這張紙牌也稱為神的家（醫院）、古羅馬神殿。

〔紙牌象徵〕

・提示：「崩壞與復活」。暗示工作、居住等環境的變化。

閃電象徵至高力量、神的憤怒、神的武器。榮格主張被閃電打中是心獲得解放。而且這閃電是突然發生的。受閃電打中毀壞的是塔的尖端部分，代表根本的精神。以人而言，就是頭腦被破壞，如此即不可能再生。

這張紙牌代表地震、風水災害、戰爭等大災害，表示受到嚴重毀滅性打擊。人一生中的不幸，不是自己的責任，而是社會現象、自然現象造成。

但此張紙牌也暗示，當這種災害發生時，人如何應對的「危機管理」訣竅。亦即再生。訣竅是與過去的體驗對照配合，巧妙地延續生命。災害是有史以來反覆不斷發生的。亦即先人的智慧也可適用在現代。

另一項是著眼於宇宙律動、週期。例如，注視飛散的塔碎片，則發現黑色碎片是11、白色是13、灰色是13。這是暗示第11年、第13年、第11與13、13合計的第37年會發生大災害。

此外，散落的碎片如果是希伯來語的Yod，則有Yod之意，亦即被大災害破壞後的復活、再生能力。

像塔這種人所創造的物質受到壞滅的打擊，一定會復活。反過來看，比這更重要的是「精神」也得到重要暗示。

〔透視內心的四種項目〕

Ⓐ塔的上部

如前所述，塔的上部代表最重要的存在。在人類而言，最重要的就是頭腦，或者心。最初注視塔上部的人，擔心不預期的事會讓自己失去最重要的部分、物、人。

Ⓑ從塔上落下的人

最初注視從塔上落下的人，有大失敗的預感。直覺到會因大錯誤而發生不可預期的事。因此不太敢勇往直前。但什麼都不做，卻又喪失自信。

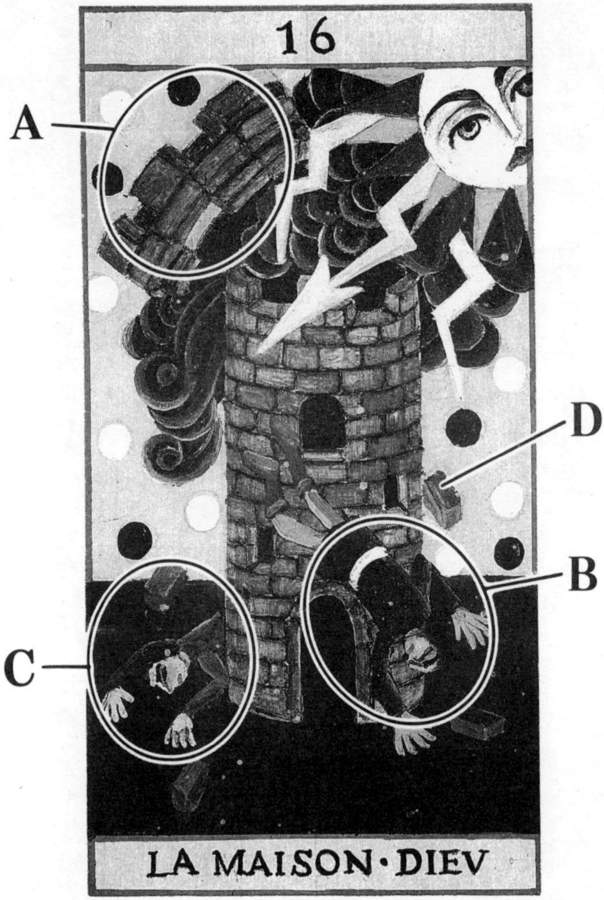
16
A
D
B
C
LA MAISON·DIEV

Ⓒ幾乎爬上塔的人

最初注視爬上塔的人，好像充滿了戰鬥心，有勇氣面對一次、二次失敗。這種人對事物想法樂觀，每天抱持夢與希望。

Ⓓ從塔上散落的碎片

最初注視從塔上散落的碎片者，在工作或私事方面對周圍的人產生不信任感。對周圍人總是懷有猜疑心，不知道這個人會不會對自己造成負面影響。很難打開心扉與人交往。

17 星星

帶來幸運，會有正確的選擇

〔紙牌的圖案〕

年輕美少女跪在水塘旁。水塘或許是川或池。少女雙手持水瓶注水。右手的水瓶往水塘，左手的水瓶往地面注水。但是二個小瓶位置不同，有一方比較高。少女背後有樹木，有些紙牌描繪鳥兒飛舞，也有些紙牌以蝴蝶取代鳥兒。

另外，夜空有八顆星星閃耀。其中之一比另外七顆顯著。這張紙牌也有稱為天狼星者。

〔紙牌象徵〕

• 提示：「星星不可思議的力量」。暗示人的信賴度高。

這張紙牌表示人類注意到星星世界，亦即占星術不可思議的力量。當人生遇到什麼問題時，就藉著此星的力量做正確的選擇。

在夜空閃耀的大星星，是自古即受崇拜的天狼星，或是帶來幸運的木星。七個小星星是大熊座或七行星。另外，月亮是黑夜中的光芒，為精神的象徵。但星星是在黑暗的無意識中現形，所以，每個星座都有更神話性的主題。

少女所注的水是天之水（無意識的水）與地之水（意識的水）。另外，水塘是天空，地面是現實世界。雙方注同量的水，求取意識與無意識的平衡。而少女向兩方同時注水，以自己的身體為媒介，統合這兩個世界。本來是想像跪在星前祈禱之姿，而現在，這個注水之姿也是一種祈禱姿勢。

此少女表示永遠的年輕與美麗，描繪出人類理想與桃花源之象徵。

〔透視內心的四種項目〕

Ⓐ星星

大星星是天狼星或木星。夜空中最大的星星令人印象深刻。在此，最初注視大星星的人，希望永遠記住信賴之人、尊敬之人、心愛之人。

你對於照顧過你的人，永遠記在心裡，忘也忘不了。這種人有純真的心。

七顆星是大熊座或七行星。其中有自己人生的縮圖。最初注視七顆星的人，不論善惡，均在無意識中看見各種野心、慾望。

Ⓑ少女

如前所述，少女象徵永遠的年輕與美麗。而且是無污染的處女，無污染的純潔心，對一切物質沒有慾望的清純少女。

最初注視少女的人，具有對這種異性的憧憬。男性的場合是渴望少女，女性的場合則是希望回歸過去自己的青春時代。

Ⓒ水瓶

水瓶象徵女性的性器，同時也表示慾望。二個水瓶是物質慾望與精神慾望。最初注視水

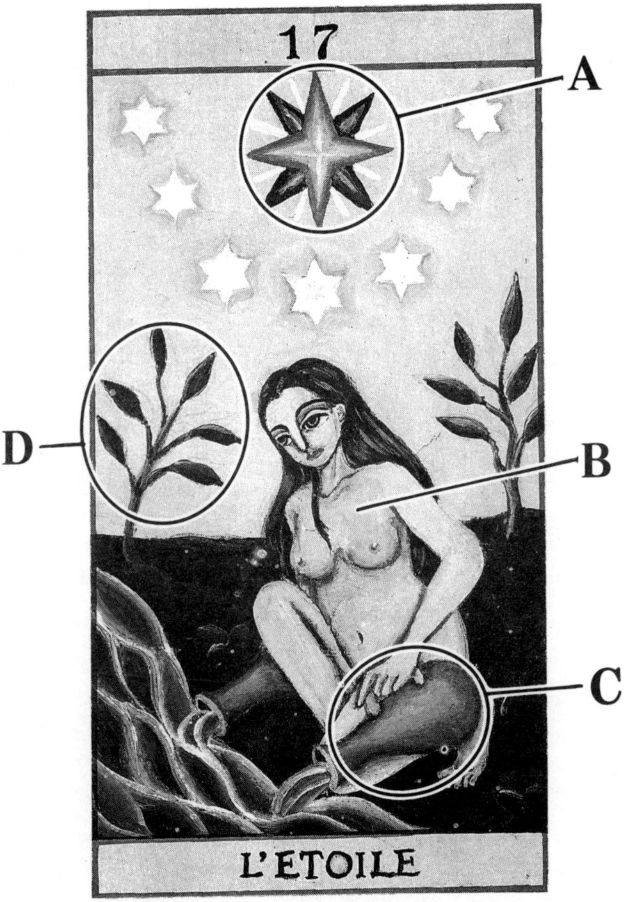
17
A
B
C
D
L'ETOILE

瓶的人，有想捨棄這種慾望的心情。

Ⓓ後方的樹木

後方的樹木表示世上的誘惑、自己的邪惡心。最初注視後方樹木的人，即使意識上對這些沒興趣，無意識中也具有金錢慾、色慾、賭博慾等邪心。

18 月亮

「人心改變」的真正理由

〔紙牌的圖案〕

夜空中有一輪大明月。月中有人的臉。看起來像新月。月亮放射許多代表光的線條，以及如淚般的水滴。

依紙牌不同，水滴顏色為黃、紅、藍三種。

地上遙遠的另一端，建有如城廓之一部分的二個塔。犬與狼對著月亮吠。

有些紙牌描繪二隻犬，其中一隻在睡覺。犬之前有水塘或川，大蟹爬上陸地。此紙牌也稱為「十字路」。

〔紙牌象徵〕

•提示：「生與死渾然一體」。暗示構想與空想力高。

月亮在埃及、希臘，代表死者居住的恐怖地方。月亮恐怖的形狀，讓沒資格住在那裡的人恐懼，不想接近。另外，月亮也被認為與生產生命的女性生理關係密切。月亮甚至代表子宮。換句話說，月亮象徵生與死兩方。這和月亮引起的潮汐與生死關係相通。

看這張紙牌就了解其中描繪的項目了。

犬與狼負責帶領通往死者世界之路。此外，犬被稱為太陽神與月之女神的象徵。蟹、蝦代表黑暗無意識世界的危險性，也是守護危機的守護神。

二個塔是通往死亡世界的門，同時也是子宮之門。月之淚是對死者的嘆息，也是生命誕生不可或缺的營養。

如上所述，此張紙牌與死渾然一體。

此張紙牌代表在明亮太陽下消失的幻影世界之危險與誘惑。

榮格以恆久不變的太陽是神、變化無常的是人為比喻。換句話說，人受命運左右，有生也有死，每天呈現不同狀態。反過來說，人是依循月亮週期而動。

〔透視內心的四種項目〕

Ⓐ月

月有二種解釋已如前述，現在，女性意義稍強。最初注視月亮的人，可說對夢的憧憬強，即使很難如願的事，內心深處仍很重視。

這種人藉著表示體貼、溫柔，使自己的美夢成真。另外，考慮月亮周期行動也很重要。

Ⓑ犬

犬具有積極與消極兩面。最初注視犬的人，追求不可能的事。一旦有了你想追求的目標，即使你知道也許努力會白費，也仍然不死心。但由於有二面性，所以，也許能感覺出命運大轉變的預兆。

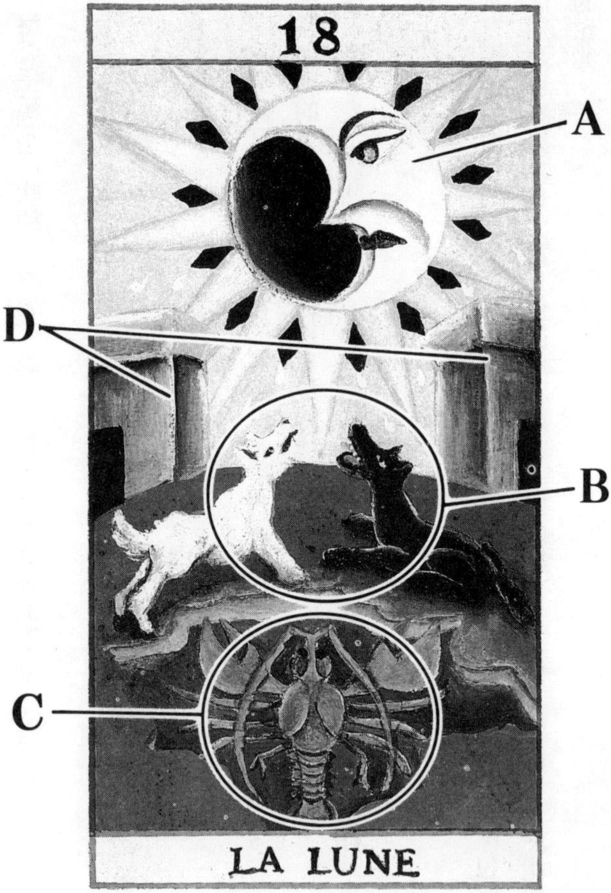
18
A
D
B
C
LA LUNE

©蝦蟹

蝦、蟹類可以說是從疾病的危機保護自己的守護神。最初注視蝦蟹的人，在知道多少有些危險的情況下，往未知場所旅行，想在完全陌生的土地上有不同的體驗。如果與雙親同居，則也許有獨居的願望。

Ⓓ二個塔

二個塔有相反的意思。最初注視塔的人，內心有種種無法向他人說的苦，但表面上什麼也感覺不出來。不過這種苦將會成為現實。

19 太陽

使自己內在的「污穢心」覺醒

〔紙牌的圖案〕

這張紙牌描繪在空中有個人頭的大太陽。太陽放射直線或波狀強的光線，更降下許多水滴。

地面上有牆壁圍成的庭園般之場所，旁邊有樹木。有些紙牌是一排向日葵。牆壁前有二位裸體的小孩，像仙女攜手遊玩一般，或者看起來像在跳舞。當時，小孩跨在白馬上，手持火紅色旗子。這張紙牌也稱為「喜悅」。

〔紙牌象徵〕

提示：「使內向的孩子甦醒」。「提高健康力」、「幸運的前兆」。

太陽在心理學上是慾望、自我的象徵。榮格以太陽代表「肉眼看得見的世界主義」或「天之火」。神話上，太陽與父、神、火相同意義。這些與生長的熱、多產也有關係。

太陽經常被拿來和月亮當對比。亦即如果月亮是女性，則太陽是男性；如果月亮象徵善變，則太陽就是不變能源的象徵；月亮若是老人或死亡的意象，則太陽就是生或小孩的意象。像這樣，太陽一直被當成是積極意象的象徵。

紙牌的太陽顯示出，太陽放射出大量能源。在太陽下舞蹈的小孩全身沐浴在太陽光輝中。小孩是純潔、無污染、創造力的象徵，處於圍牆中不受物質影響，單純地接受太陽的能源。而且舞蹈行為代表天與地結合、夫婦愛。

自古以來，跳舞就視為神靈與人身結合。

像小孩一樣敞開一切感覺，就可以得到崇高精神性、創造性的想法、率直的喜悅。如此便可開創新人生、新命運。這種想法的根本即為太陽，也就是永恆不變的靈能量。

基督教中也有相同意義的話。

「懺悔吧！如果沒有一顆赤子之心，就無法進入神的國度。」

〔透視內心的四種項目〕

Ⓐ太陽

如前所述，太陽象徵一切積極之事。最初注視太陽的人，能從惡運中解脫，希望獲得解放。不滿足於現在的狀態，想掌握大幸運。因此，希望自己擁有「生命力」、「朝氣」、「反彈力」。

Ⓑ太陽的水滴

從太陽流下的水滴，象徵靈的能源。放射出這麼多能源，好像有點可惜。但這絕對不浪費。最初注視太陽的人有接受各種苦勞、努力的願望。也許未必獲得回報，但總希望盡心努

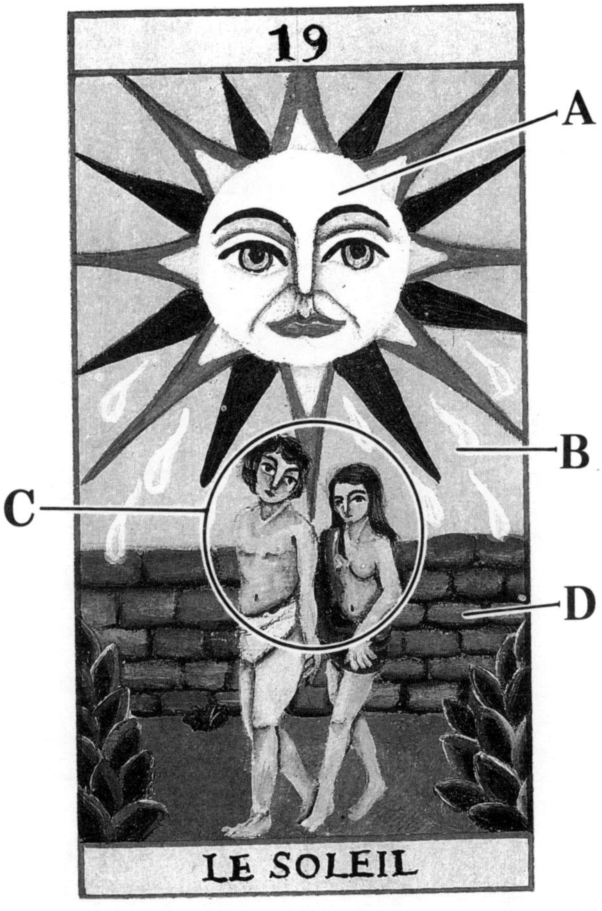
19
A
B
C
D
LE SOLEIL

力。

Ⓒ二個小孩

二個小孩擁有人類最純真的童心，表示得到喜悅、幸福、成功。最初注視小孩的人，希望新行動能帶來幸福，而且有盼望另外一人協助，共同創造幸福的心意。實行新事物，最初多少會有些混亂，但二個小孩暗示運氣不斷上升。

Ⓓ壁

牆壁代表保護自己免受敵人侵襲。

最初注視牆壁的人，對疾病、傷害有不安感，因此希望保護自己。

20 審判

死亡之前，自己的肉體一直被束縛嗎

〔紙牌的圖案〕

從雲間出現有翅膀及光輪的天使上半身。天使吹著有十字旗的喇叭。下方則有裸男裸女及小孩，從墳墓似的地方出現，雙手合掌向著天使，或者雙手交叉在胸前。

依紙牌而異，有些背景也描繪幾位有相同姿勢的人。或者從墓中起身的只有一位女性，其他許多人都穿著衣服。

另外，也有像小舟在海上漂流一樣的棺木中，出現人類起身。

這張紙牌讓人想起聖經中的『最後審判』。聖經當中，能到達神心的死者，藉由天使吹奏的喇叭而從墳墓甦醒。在此吹奏喇叭的天使，是新約的報喜大天使百加列。但百加列也是希伯來的守護神，衆所周知，因為是火與雷的支配者而受到神的處罰。

〔紙牌象徵〕

・提示：「再生與復活」、「充滿持久力、上升運」。

這張紙牌的主題是，即使肉體消滅，但精神會在更高的意識狀態下再生。

紙牌中所描繪的棺木，是人類的肉體。人的本質在死後到一切獲得解放為止，一直被封閉在這個棺木中，也就是肉體中。另外，紙牌中的男女、小孩，表示在意識，亦即現實世界中，結婚、生子、年老，以至於肉體滅亡的過程。

天使吹奏的喇叭聲，有復活於更高層次的效果。喇叭聲能令聽者高亢，這不只代表使死者甦醒的「上帝召喚」，也代表精神的覺醒。

藉著覺醒，人的精神獲得解放，帶來大成就。換言之，表示從現在的迷惘中清醒有多麼重要。

另外，此處所描繪的天使、男女、小孩四人，代表榮格所說的四種要素，亦即「感覺」、「思考」、「感情」、「直覺」。這些是對人而言最重要的元素。

〔透視內心的四種項目〕

Ⓐ吹喇叭的天使

天使會判斷這個人是不是適合再生的祝福狀態，也就是善意的第三者。最初注視天使的人，不知自己現在方向是否正確，希望周圍的人給自己正確建議。

Ⓑ男女與小孩

再生的三個人，等到意識的高境界。換言之，這三人象徵人的一切及良心。

最初注視此三人者，希望蛻變成不同的自己。自己討厭現在的自己，這種意識如果過度高漲，就會有希望自殺的危險。

Ⓒ棺木

如前所述，棺木象徵自己。這與自己黑暗的過去、惡德相關。最初注視棺木的人，對於

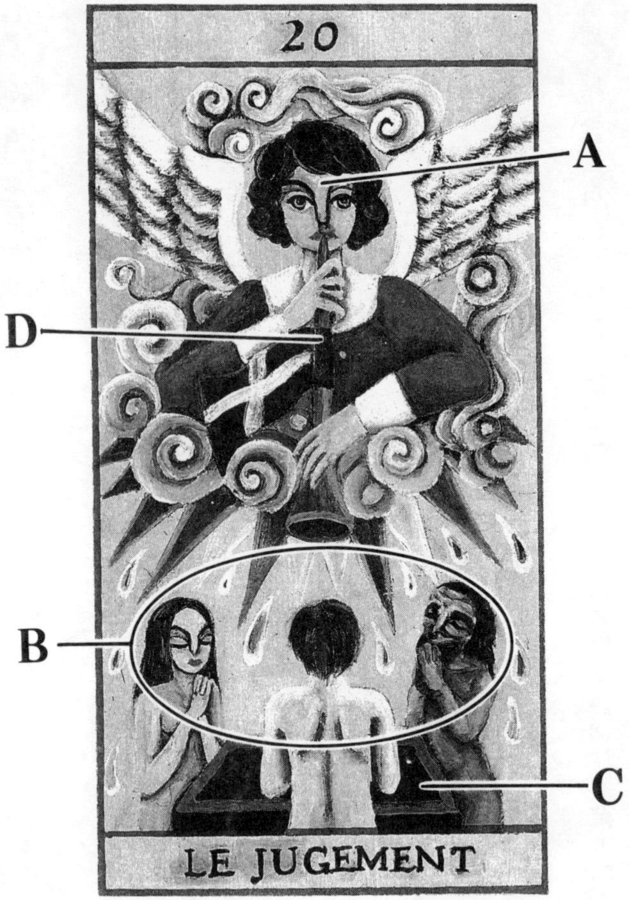
20
A
D
B
C
LE JUGEMENT

自己過去的行為有罪惡感，表現全面反省的心。

Ⓓ其他

最初注視旗、喇叭等其他項目的人，對於以往的行為，總認為是正確的，而且對這些事抱持自信。這種意識過度高漲，會成為自信過剩，容易與周圍人發生摩擦。

21 世界

「一切完成」的塔羅牌
最後一張紙牌

〔紙牌的圖案〕

在圓或橢圓的花圈中，看見一位年輕裸體少女舉起單腳跳舞。少女身上有薄紗或花環，也有些性器部分被遮住。

雙手持二根棒或橄欖枝，也有些紙牌描繪持一根棒及袋子。

圓的周圍有象徵新約四福音書記者的人面、鷲、獅、牛圍繞。這四樣標記在默示錄、以西結（古猶太民族復興的預言家）書中也有上場。

這張紙牌另有「大地」、「福音」、「航行」、「完全勝利」、「聖母」等名。

〔紙牌象徵〕

• 提示：「完成」、「夢想實現」。新工作開始的最佳時機。

一般解釋中，這個「世界」是塔羅牌的最後紙牌。因此，這張紙牌的主題是，從混沌狀態的創造終了，一切完成的意象。這從紙牌別名「大地」、「福音」、「航行」、「完全勝利」、「聖母」中也可看出，均表示積極的響聲。

這裡所描繪的少女，在戰勝死亡象徵的花環中，喜悅地舞蹈。或者可以將花環視為子宮，代表在子宮內成長的胎兒手足舞蹈，將鼓動傳達至外部。

另外，這女孩被鷲、獅、人面、牛保護著，這四種標記在聖經中代表如下。鷲象徵「良心」、牛象徵「慾望」、獅子象徵「意志」、人面象徵「知性」。

另外，在占星術中，鷲是天蠍座的象徵「水」、牛是金牛座的象徵「土」、獅子是獅子座的象徵「火」、人面是水瓶座的象徵「風」。

這四樣代表宇宙的安定、保護之意。

裸體少女雙手持棒，代表宇宙能源的正、負極。宇宙能源在少女體中擴散。包在身體外的薄紗，給人性慾的意象，這是生命誕生不可或缺的要素。終於完成之後，接著就要從0的「愚者」開始，重新創造。

〔透視內心的四種項目〕

Ⓐ花環

花環從外形可看出代表子宮。最初注視花環的人，男性的場合表示對性器、性愛的憧憬；女性的場合，表示嫉妒或希望生下可愛男孩。

不管怎麼說，無意識中均有高漲的性慾。

Ⓑ跳舞的少女

這位少女代表支配宇宙的根本原理。

最初注視少女的人，憧憬具有魅力的異性，亦即兼具美貌與知性的理想異性。

21
D
B
A
C
LE MONDE

Ⓒ獅子與牛

最初注視獅子與牛的人，對異性獻身的愛情高漲。亦即願意犧牲自己表現愛情。另一點是希望過著金錢充裕的生活。

Ⓓ鷲與人面

最初注視上面鷲與人面的人，嚮往長期旅行。希望藉著旅行這個機會改變自己。

0 愚者

不知恐懼的力量有多強啊！

［紙牌的圖案］

這張紙牌描繪丑角、巡禮者或身著輕浮服裝的男子。男子肩上扛著背袋，另一手拿拐杖或花。頭戴有羽毛的帽子。有些紙牌描繪表示黃道十二宮的皮帶。

男子在山間行走，眼睛注視前方心平氣和地走著。男子的腳邊有狗或貓。背後有光輝的太陽。有些紙牌描繪蝴蝶在眼前飛舞。

這張紙牌也稱為「將死」。另外也被認為是撲克牌鬼牌的前身。

愚者在中世紀歐洲是很平常的存在。愚者當中有些身體與一般人不同，但絕對不是愚笨的意思。大部分是在宮廷中具有特殊才能，就像現在的演員一般。

愚者故意說些反社會或愚笨的話，藉以諷刺社會。即使是一般人不了解的內容，有知識的王侯貴族也很了解。因為愚者具有特殊才能，所以對社會上的俗事不關心。因此愚者常被視為「愚笨者」。

〔紙牌象徵〕

・提示：「混亂」、「重要的決斷」、「預料之外事情發生」。

這張牌就像數字0一樣，象徵著萬物的開端、萬物的內容，也象徵最後的歸處。此處的愚者象徵理性尚未萌芽前的混亂狀態。亦即愚者是純真潔白永遠的小孩。即使站在斷崖前、被動物咬腳，他也一點都不畏懼。人們也許認為這是無知，但這是由於愚者不知畏懼之故。或者有即使掉落斷崖也不會死的直覺、靈感、自信。

旅行中的愚者好像空著手，只將袋子掛在棒上，裡面裝滿旅行中修得的智慧。另外，愚者結束旅行後，會再展開新旅程。

〔透視內心的四種項目〕

Ⓐ愚者的背後樣子

一般視愚者為危險的存在。

最初注視愚者背後者，對未來存有不安感。由於無法預測自己今後的人生，所以抱持漠然的不安。呈現前途茫茫的狀態。

Ⓑ肩上的棒

棒的一端是充滿知識的袋子。最初注視此棒的人，想依賴自己的知識、經驗。在潛意識中，你對於自己的學歷、知識、財產很自負。

Ⓒ手中的杖

杖是自立的象徵。最初注視手中杖的人，不想依靠他人，希望自力開創命運。

Ⓓ咬腳的動物

咬腳的動物催促愚者注意。最初注視腳邊的動物者，希望以責任、規則束縛自己。

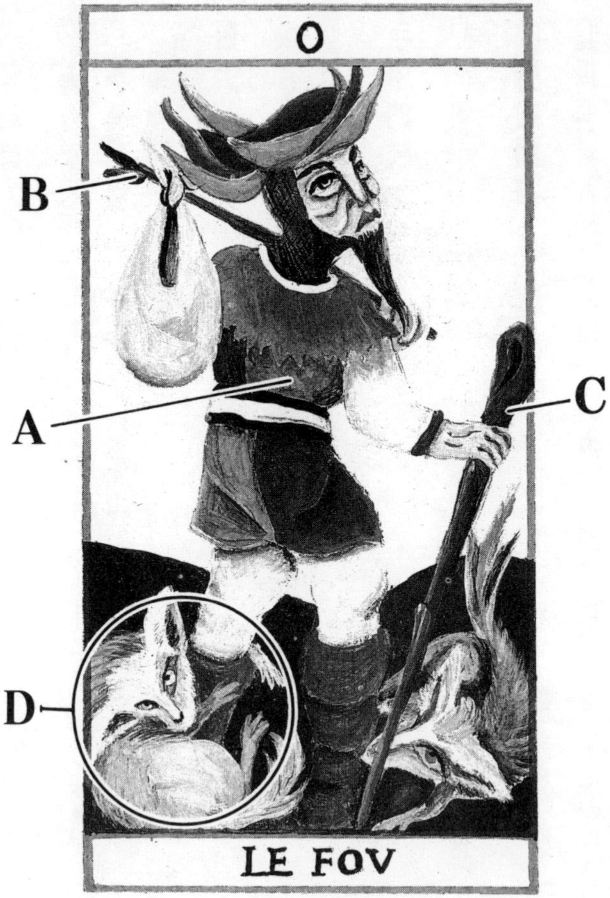
O
B
A
C
D
LE FOV

〈特別附錄〉

六角展開——占卜未來的方法

在你煩惱、迷惘時，只要利用塔羅牌，就能找到解決對策。紙牌的排列法採星型。此占卜法的深處，隱藏本書明示之「希伯來神秘哲學」的「命運暗示」。

〔作法〕

使用書本所附的塔羅牌（22張）。

充分切牌後整理好，從最上方算起第七張紙牌放在圖①的位置，第八張紙牌放在圖②位置，第九張紙牌放在圖③位置。如圖所示排列。

剩下的紙牌從上數第七張放在圖④位置，第八張放在圖⑤位置，第九張放在圖⑥位置。

最後第十張放在圖⑦位置。如圖所示排列。

〔紙牌顯示的意義〕

①過去的原因
表示問題發生的原因。
②現在的狀況
表示問題現在的情況。
③展望
表示問題今後如何變化。
④問題應付策略
表示怎麼樣才能解決。
⑤周圍的狀況
表示與問題有關周圍人的狀況。
⑥你的願望
連你自己也沒有注意到的真正願望。

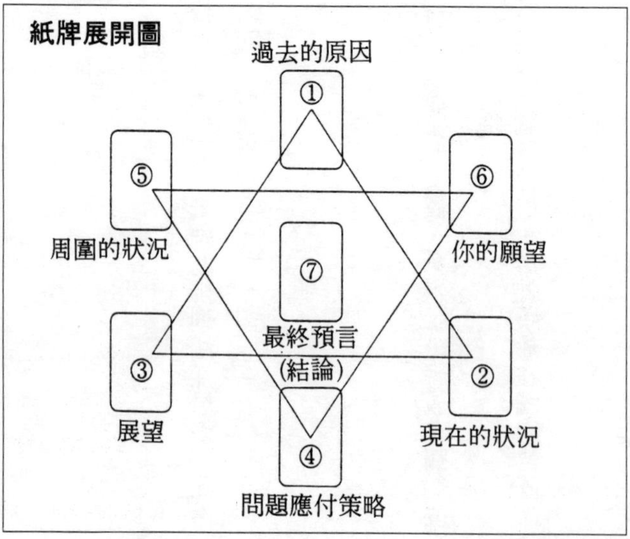

⑦結論

表示問題實際會如何。

〔如何解讀紙牌〕

紙牌由過去、現在、未來、本人、周圍、對應等線連結。各紙牌的意義請閱讀第四章。

例如，②現在狀況與④問題應付策略一起看，解說該怎麼樣才好？⑤周圍的狀況與⑥你的願望對照，解讀自己與周圍有什麼差異，就可以找到更正確的答案。

⑨性格測驗 9	戀愛知多少	淺野八郎著	160元
⑩性格測驗10	由裝扮瞭解人心	淺野八郎著	140元
⑪性格測驗11	敲開內心玄機	淺野八郎著	140元
⑫性格測驗12	透視你的未來	淺野八郎著	140元
⑬血型與你的一生		淺野八郎著	160元
⑭趣味推理遊戲		淺野八郎著	160元
⑮行爲語言解析		淺野八郎著	160元

•婦 幼 天 地• 電腦編號 16

①八萬人減肥成果	黃靜香譯	180元
②三分鐘減肥體操	楊鴻儒譯	150元
③窈窕淑女美髮秘訣	柯素娥譯	130元
④使妳更迷人	成 玉譯	130元
⑤女性的更年期	官舒妍編譯	160元
⑥胎內育兒法	李玉瓊編譯	150元
⑦早產兒袋鼠式護理	唐岱蘭譯	200元
⑧初次懷孕與生產	婦幼天地編譯組	180元
⑨初次育兒12個月	婦幼天地編譯組	180元
⑩斷乳食與幼兒食	婦幼天地編譯組	180元
⑪培養幼兒能力與性向	婦幼天地編譯組	180元
⑫培養幼兒創造力的玩具與遊戲	婦幼天地編譯組	180元
⑬幼兒的症狀與疾病	婦幼天地編譯組	180元
⑭腿部苗條健美法	婦幼天地編譯組	180元
⑮女性腰痛別忽視	婦幼天地編譯組	150元
⑯舒展身心體操術	李玉瓊編譯	130元
⑰三分鐘臉部體操	趙薇妮著	160元
⑱生動的笑容表情術	趙薇妮著	160元
⑲心曠神怡減肥法	川津祐介著	130元
⑳內衣使妳更美麗	陳玄茹譯	130元
㉑瑜伽美姿美容	黃靜香編著	150元
㉒高雅女性裝扮學	陳珮玲譯	180元
㉓蠶糞肌膚美顏法	坂梨秀子著	160元
㉔認識妳的身體	李玉瓊譯	160元
㉕產後恢復苗條體態	居理安•芙萊喬著	200元
㉖正確護髮美容法	山崎伊久江著	180元
㉗安琪拉美姿養生學	安琪拉蘭斯博瑞著	180元
㉘女體性醫學剖析	增田豐著	220元
㉙懷孕與生產剖析	岡部綾子著	180元
㉚斷奶後的健康育兒	東城百合子著	220元
㉛引出孩子幹勁的責罵藝術	多湖輝著	170元

㉜培養孩子獨立的藝術	多湖輝著	170元
㉝子宮肌瘤與卵巢囊腫	陳秀琳編著	180元
㉞下半身減肥法	納他夏・史達賓著	180元
㉟女性自然美容法	吳雅菁編著	180元
㊱再也不發胖	池園悅太郎著	170元
㊲生男生女控制術	中垣勝裕著	220元
㊳使妳的肌膚更亮麗	楊　皓編著	170元
㊴臉部輪廓變美	芝崎義夫著	180元
㊵斑點、皺紋自己治療	高須克彌著	180元
㊶面皰自己治療	伊藤雄康著	180元
㊷隨心所欲瘦身冥想法	原久子著	180元
㊸胎兒革命	鈴木丈織著	元

・青 春 天 地・電腦編號 17

①A血型與星座	柯素娥編譯	120元
②B血型與星座	柯素娥編譯	120元
③O血型與星座	柯素娥編譯	120元
④AB血型與星座	柯素娥編譯	120元
⑤青春期性教室	呂貴嵐編譯	130元
⑥事半功倍讀書法	王毅希編譯	150元
⑦難解數學破題	宋釗宜編譯	130元
⑧速算解題技巧	宋釗宜編譯	130元
⑨小論文寫作秘訣	林顯茂編譯	120元
⑪中學生野外遊戲	熊谷康編著	120元
⑫恐怖極短篇	柯素娥編譯	130元
⑬恐怖夜話	小毛驢編譯	130元
⑭恐怖幽默短篇	小毛驢編譯	120元
⑮黑色幽默短篇	小毛驢編譯	120元
⑯靈異怪談	小毛驢編譯	130元
⑰錯覺遊戲	小毛驢編譯	130元
⑱整人遊戲	小毛驢編著	150元
⑲有趣的超常識	柯素娥編譯	130元
⑳哦！原來如此	林慶旺編譯	130元
㉑趣味競賽100種	劉名揚編譯	120元
㉒數學謎題入門	宋釗宜編譯	150元
㉓數學謎題解析	宋釗宜編譯	150元
㉔透視男女心理	林慶旺編譯	120元
㉕少女情懷的自白	李桂蘭編譯	120元
㉖由兄弟姊妹看命運	李玉瓊編譯	130元
㉗趣味的科學魔術	林慶旺編譯	150元

㉘趣味的心理實驗室	李燕玲編譯	150元
㉙愛與性心理測驗	小毛驢編譯	130元
㉚刑案推理解謎	小毛驢編譯	130元
㉛偵探常識推理	小毛驢編譯	130元
㉜偵探常識解謎	小毛驢編譯	130元
㉝偵探推理遊戲	小毛驢編譯	130元
㉞趣味的超魔術	廖玉山編著	150元
㉟趣味的珍奇發明	柯素娥編著	150元
㊱登山用具與技巧	陳瑞菊編著	150元

•健 康 天 地•電腦編號 18

①壓力的預防與治療	柯素娥編譯	130元
②超科學氣的魔力	柯素娥編譯	130元
③尿療法治病的神奇	中尾良一著	130元
④鐵證如山的尿療法奇蹟	廖玉山譯	120元
⑤一日斷食健康法	葉慈容編譯	150元
⑥胃部強健法	陳炳崑譯	120元
⑦癌症早期檢查法	廖松濤譯	160元
⑧老人痴呆症防止法	柯素娥編譯	130元
⑨松葉汁健康飲料	陳麗芬編譯	130元
⑩揉肚臍健康法	永井秋夫著	150元
⑪過勞死、猝死的預防	卓秀貞編譯	130元
⑫高血壓治療與飲食	藤山順豐著	150元
⑬老人看護指南	柯素娥編譯	150元
⑭美容外科淺談	楊啟宏著	150元
⑮美容外科新境界	楊啟宏著	150元
⑯鹽是天然的醫生	西英司郎著	140元
⑰年輕十歲不是夢	梁瑞麟譯	200元
⑱茶料理治百病	桑野和民著	180元
⑲綠茶治病寶典	桑野和民著	150元
⑳杜仲茶養顏減肥法	西田博著	150元
㉑蜂膠驚人療效	瀨長良三郎著	150元
㉒蜂膠治百病	瀨長良三郎著	180元
㉓醫藥與生活	鄭炳全著	180元
㉔鈣長生寶典	落合敏著	180元
㉕大蒜長生寶典	木下繁太郎著	160元
㉖居家自我健康檢查	石川恭三著	160元
㉗永恒的健康人生	李秀鈴譯	200元
㉘大豆卵磷脂長生寶典	劉雪卿譯	150元
㉙芳香療法	梁艾琳譯	160元

㉚醋長生寶典	柯素娥譯	180元
㉛從星座透視健康	席拉・吉蒂斯著	180元
㉜愉悅自在保健學	野本二士夫著	160元
㉝裸睡健康法	丸山淳士等著	160元
㉞糖尿病預防與治療	藤田順豐著	180元
㉟維他命長生寶典	菅原明子著	180元
㊱維他命C新效果	鐘文訓編	150元
㊲手、腳病理按摩	堤芳朗著	160元
㊳AIDS瞭解與預防	彼得塔歇爾著	180元
㊴甲殼質殼聚糖健康法	沈永嘉譯	160元
㊵神經痛預防與治療	木下眞男著	160元
㊶室內身體鍛鍊法	陳炳崑編著	160元
㊷吃出健康藥膳	劉大器編著	180元
㊸自我指壓術	蘇燕謀編著	160元
㊹紅蘿蔔汁斷食療法	李玉瓊編著	150元
㊺洗心術健康秘法	竺翠萍編譯	170元
㊻枇杷葉健康療法	柯素娥編譯	180元
㊼抗衰血癒	楊啟宏著	180元
㊽與癌搏鬥記	逸見政孝著	180元
㊾冬蟲夏草長生寶典	高橋義博著	170元
㊿痔瘡・大腸疾病先端療法	宮島伸宜著	180元
51膠布治癒頑固慢性病	加瀨建造著	180元
52芝麻神奇健康法	小林貞作著	170元
53香煙能防止癡呆？	高田明和著	180元
54穀菜食治癌療法	佐藤成志著	180元
55貼藥健康法	松原英多著	180元
56克服癌症調和道呼吸法	帶津良一著	180元
57Ｂ型肝炎預防與治療	野村喜重郎著	180元
58青春永駐養生導引術	早島正雄著	180元
59改變呼吸法創造健康	原久子著	180元
60荷爾蒙平衡養生秘訣	出村博著	180元
61水美肌健康法	井戶勝富著	170元
62認識食物掌握健康	廖梅珠編著	170元
63痛風劇痛消除法	鈴木吉彥著	180元
64酸莖菌驚人療效	上田明彥著	180元
65大豆卵磷脂治現代病	神津健一著	200元
66時辰療法——危險時刻凌晨４時	呂建強等著	180元
67自然治癒力提升法	帶津良一著	180元
68巧妙的氣保健法	藤平墨子著	180元
69治癒Ｃ型肝炎	熊田博光著	180元
70肝臟病預防與治療	劉名揚編著	180元

⑪腰痛平衡療法	荒井政信著	180元
⑫根治多汗症、狐臭	稻葉益巳著	220元
⑬40歲以後的骨質疏鬆症	沈永嘉譯	180元
⑭認識中藥	松下一成著	180元
⑮氣的科學	佐佐木茂美著	180元

•實用女性學講座•電腦編號 19

①解讀女性內心世界	島田一男著	150元
②塑造成熟的女性	島田一男著	150元
③女性整體裝扮學	黃靜香編著	180元
④女性應對禮儀	黃靜香編著	180元
⑤女性婚前必修	小野十傳著	200元
⑥徹底瞭解女人	田口二州著	180元
⑦拆穿女性謊言88招	島田一男著	200元

•校園系列•電腦編號 20

①讀書集中術	多湖輝著	150元
②應考的訣竅	多湖輝著	150元
③輕鬆讀書贏得聯考	多湖輝著	150元
④讀書記憶秘訣	多湖輝著	150元
⑤視力恢復！超速讀術	江錦雲譯	180元
⑥讀書36計	黃柏松編著	180元
⑦驚人的速讀術	鐘文訓編著	170元
⑧學生課業輔導良方	多湖輝著	180元
⑨超速讀超記憶法	廖松濤編著	180元
⑩速算解題技巧	宋釗宜編著	200元

•實用心理學講座•電腦編號 21

①拆穿欺騙伎倆	多湖輝著	140元
②創造好構想	多湖輝著	140元
③面對面心理術	多湖輝著	160元
④偽裝心理術	多湖輝著	140元
⑤透視人性弱點	多湖輝著	140元
⑥自我表現術	多湖輝著	180元
⑦不可思議的人性心理	多湖輝著	150元
⑧催眠術入門	多湖輝著	150元
⑨責罵部屬的藝術	多湖輝著	150元
⑩精神力	多湖輝著	150元

⑪厚黑說服術	多湖輝著	150元
⑫集中力	多湖輝著	150元
⑬構想力	多湖輝著	150元
⑭深層心理術	多湖輝著	160元
⑮深層語言術	多湖輝著	160元
⑯深層說服術	多湖輝著	180元
⑰掌握潛在心理	多湖輝著	160元
⑱洞悉心理陷阱	多湖輝著	180元
⑲解讀金錢心理	多湖輝著	180元
⑳拆穿語言圈套	多湖輝著	180元
㉑語言的內心玄機	多湖輝著	180元

•超現實心理講座• 電腦編號 22

①超意識覺醒法	詹蔚芬編譯	130元
②護摩秘法與人生	劉名揚編譯	130元
③秘法！超級仙術入門	陸　明譯	150元
④給地球人的訊息	柯素娥編著	150元
⑤密教的神通力	劉名揚編著	130元
⑥神秘奇妙的世界	平川陽一著	180元
⑦地球文明的超革命	吳秋嬌譯	200元
⑧力量石的秘密	吳秋嬌譯	180元
⑨超能力的靈異世界	馬小莉譯	200元
⑩逃離地球毀滅的命運	吳秋嬌譯	200元
⑪宇宙與地球終結之謎	南山宏著	200元
⑫驚世奇功揭秘	傅起鳳著	200元
⑬啟發身心潛力心象訓練法	栗田昌裕著	180元
⑭仙道術遁甲法	高藤聰一郎著	220元
⑮神通力的秘密	中岡俊哉著	180元
⑯仙人成仙術	高藤聰一郎著	200元
⑰仙道符咒氣功法	高藤聰一郎著	220元
⑱仙道風水術尋龍法	高藤聰一郎著	200元
⑲仙道奇蹟超幻像	高藤聰一郎著	200元
⑳仙道鍊金術房中法	高藤聰一郎著	200元
㉑奇蹟超醫療治癒難病	深野一幸著	220元
㉒揭開月球的神秘力量	超科學研究會	180元
㉓西藏密教奧義	高藤聰一郎著	250元

•養 生 保 健• 電腦編號 23

①醫療養生氣功	黃孝寬著	250元

②中國氣功圖譜	余功保著	230元
③少林醫療氣功精粹	井玉蘭著	250元
④龍形實用氣功	吳大才等著	220元
⑤魚戲增視強身氣功	宮　嬰著	220元
⑥嚴新氣功	前新培金著	250元
⑦道家玄牝氣功	張　章著	200元
⑧仙家秘傳袪病功	李遠國著	160元
⑨少林十大健身功	秦慶豐著	180元
⑩中國自控氣功	張明武著	250元
⑪醫療防癌氣功	黃孝寬著	250元
⑫醫療強身氣功	黃孝寬著	250元
⑬醫療點穴氣功	黃孝寬著	250元
⑭中國八卦如意功	趙維漢著	180元
⑮正宗馬禮堂養氣功	馬禮堂著	420元
⑯秘傳道家筋經內丹功	王慶餘著	280元
⑰三元開慧功	辛桂林著	250元
⑱防癌治癌新氣功	郭　林著	180元
⑲禪定與佛家氣功修煉	劉天君著	200元
⑳顛倒之術	梅自強著	360元
㉑簡明氣功辭典	吳家駿編	360元
㉒八卦三合功	張全亮著	230元

・社會人智囊・電腦編號 24

①糾紛談判術	清水增三著	160元
②創造關鍵術	淺野八郎著	150元
③觀人術	淺野八郎著	180元
④應急詭辯術	廖英迪編著	160元
⑤天才家學習術	木原武一著	160元
⑥猫型狗式鑑人術	淺野八郎著	180元
⑦逆轉運掌握術	淺野八郎著	180元
⑧人際圓融術	澀谷昌三著	160元
⑨解讀人心術	淺野八郎著	180元
⑩與上司水乳交融術	秋元隆司著	180元
⑪男女心態定律	小田晉著	180元
⑫幽默說話術	林振輝編著	200元
⑬人能信賴幾分	淺野八郎著	180元
⑭我一定能成功	李玉瓊譯	180元
⑮獻給青年的嘉言	陳蒼杰譯	180元
⑯知人、知面、知其心	林振輝編著	180元
⑰塑造堅強的個性	坂上肇著	180元

⑱爲自己而活	佐藤綾子著	180元
⑲未來十年與愉快生活有約	船井幸雄著	180元
⑳超級銷售話術	杜秀卿譯	180元
㉑感性培育術	黃靜香編著	180元
㉒公司新鮮人的禮儀規範	蔡媛惠譯	180元
㉓傑出職員鍛鍊術	佐佐木正著	180元
㉔面談獲勝戰略	李芳黛譯	180元
㉕金玉良言撼人心	森純大著	180元
㉖男女幽默趣典	劉華亭編著	180元
㉗機智說話術	劉華亭編著	180元
㉘心理諮商室	柯素娥譯	180元
㉙如何在公司頭角崢嶸	佐佐木正著	180元
㉚機智應對術	李玉瓊編著	200元

•精 選 系 列• 電腦編號 25

①毛澤東與鄧小平	渡邊利夫等著	280元
②中國大崩裂	江戶介雄著	180元
③台灣・亞洲奇蹟	上村幸治著	220元
④7-ELEVEN高盈收策略	國友隆一著	180元
⑤台灣獨立	森　詠著	200元
⑥迷失中國的末路	江戶雄介著	220元
⑦2000年5月全世界毀滅	紫藤甲子男著	180元
⑧失去鄧小平的中國	小島朋之著	220元

•運 動 遊 戲• 電腦編號 26

①雙人運動	李玉瓊譯	160元
②愉快的跳繩運動	廖玉山譯	180元
③運動會項目精選	王佑京譯	150元
④肋木運動	廖玉山譯	150元
⑤測力運動	王佑宗譯	150元

•休 閒 娛 樂• 電腦編號 27

①海水魚飼養法	田中智浩著	300元
②金魚飼養法	曾雪玫譯	250元
③熱門海水魚	毛利匡明著	元
④愛犬的教養與訓練	池田好雄著	250元

・銀髮族智慧學・電腦編號 28

①銀髮六十樂逍遙	多湖輝著	170元
②人生六十反年輕	多湖輝著	170元
③六十歲的決斷	多湖輝著	170元

・飲 食 保 健・電腦編號 29

①自己製作健康茶	大海淳著	220元
②好吃、具藥效茶料理	德永睦子著	220元
③改善慢性病健康藥草茶	吳秋嬌譯	200元
④藥酒與健康果菜汁	成玉編著	250元

・家庭醫學保健・電腦編號 30

①女性醫學大全	雨森良彥著	380元
②初爲人父育兒寶典	小瀧周曹著	220元
③性活力強健法	相建華著	200元
④30歲以上的懷孕與生產	李芳黛編著	220元
⑤舒適的女性更年期	野末悅子著	200元
⑥夫妻前戲的技巧	笠井寬司著	200元
⑦病理足穴按摩	金慧明著	220元
⑧爸爸的更年期	河野孝旺著	200元
⑨橡皮帶健康法	山田晶著	200元
⑩33天健美減肥	相建華等著	180元
⑪男性健美入門	孫玉祿編著	180元

・心 靈 雅 集・電腦編號 00

①禪言佛語看人生	松濤弘道著	180元
②禪密教的奧秘	葉逯謙譯	120元
③觀音大法力	田口日勝著	120元
④觀音法力的大功德	田口日勝著	120元
⑤達摩禪106智慧	劉華亭編譯	220元
⑥有趣的佛教研究	葉逯謙編譯	170元
⑦夢的開運法	蕭京凌譯	130元
⑧禪學智慧	柯素娥編譯	130元
⑨女性佛教入門	許俐萍譯	110元
⑩佛像小百科	心靈雅集編譯組	130元
⑪佛教小百科趣談	心靈雅集編譯組	120元

⑫佛教小百科漫談	心靈雅集編譯組	150元
⑬佛教知識小百科	心靈雅集編譯組	150元
⑭佛學名言智慧	松濤弘道著	220元
⑮釋迦名言智慧	松濤弘道著	220元
⑯活人禪	平田精耕著	120元
⑰坐禪入門	柯素娥編譯	150元
⑱現代禪悟	柯素娥編譯	130元
⑲道元禪師語錄	心靈雅集編譯組	130元
⑳佛學經典指南	心靈雅集編譯組	130元
㉑何謂「生」　阿含經	心靈雅集編譯組	150元
㉒一切皆空　般若心經	心靈雅集編譯組	150元
㉓超越迷惘　法句經	心靈雅集編譯組	130元
㉔開拓宇宙觀　華嚴經	心靈雅集編譯組	130元
㉕真實之道　法華經	心靈雅集編譯組	130元
㉖自由自在　涅槃經	心靈雅集編譯組	130元
㉗沈默的教示　維摩經	心靈雅集編譯組	150元
㉘開通心眼　佛語佛戒	心靈雅集編譯組	130元
㉙揭秘寶庫　密教經典	心靈雅集編譯組	180元
㉚坐禪與養生	廖松濤譯	110元
㉛釋尊十戒	柯素娥編譯	120元
㉜佛法與神通	劉欣如編著	120元
㉝悟（正法眼藏的世界）	柯素娥編譯	120元
㉞只管打坐	劉欣如編著	120元
㉟喬答摩・佛陀傳	劉欣如編著	120元
㊱唐玄奘留學記	劉欣如編著	120元
㊲佛教的人生觀	劉欣如編譯	110元
㊳無門關（上卷）	心靈雅集編譯組	150元
㊴無門關（下卷）	心靈雅集編譯組	150元
㊵業的思想	劉欣如編著	130元
㊶佛法難學嗎	劉欣如著	140元
㊷佛法實用嗎	劉欣如著	140元
㊸佛法殊勝嗎	劉欣如著	140元
㊹因果報應法則	李常傳編	140元
㊺佛教醫學的奧秘	劉欣如編著	150元
㊻紅塵絕唱	海　若著	130元
㊼佛教生活風情	洪丕謨、姜玉珍著	220元
㊽行住坐臥有佛法	劉欣如著	160元
㊾起心動念是佛法	劉欣如著	160元
㊿四字禪語	曹洞宗青年會	200元
51妙法蓮華經	劉欣如編著	160元
52根本佛教與大乘佛教	葉作森編	180元

㊾大乘佛經	定方晟著	180元
㊿須彌山與極樂世界	定方晟著	180元
55阿闍世的悟道	定方晟著	180元
56金剛經的生活智慧	劉欣如著	180元

•經 營 管 理•電腦編號01

◎創新經營管理六十六大計(精)	蔡弘文編	780元
①如何獲取生意情報	蘇燕謀譯	110元
②經濟常識問答	蘇燕謀譯	130元
④台灣商戰風雲錄	陳中雄著	120元
⑤推銷大王秘錄	原一平著	180元
⑥新創意•賺大錢	王家成譯	90元
⑦工廠管理新手法	琪　輝著	120元
⑨經營參謀	柯順隆譯	120元
⑩美國實業24小時	柯順隆譯	80元
⑪撼動人心的推銷法	原一平著	150元
⑫高竿經營法	蔡弘文編	120元
⑬如何掌握顧客	柯順隆譯	150元
⑭一等一賺錢策略	蔡弘文編	120元
⑯成功經營妙方	鐘文訓著	120元
⑰一流的管理	蔡弘文編	150元
⑱外國人看中韓經濟	劉華亭譯	150元
⑳突破商場人際學	林振輝編著	90元
㉑無中生有術	琪輝編著	140元
㉒如何使女人打開錢包	林振輝編著	100元
㉓操縱上司術	邑井操著	90元
㉔小公司經營策略	王嘉誠著	160元
㉕成功的會議技巧	鐘文訓編譯	100元
㉖新時代老闆學	黃柏松編著	100元
㉗如何創造商場智囊團	林振輝編譯	150元
㉘十分鐘推銷術	林振輝編譯	180元
㉙五分鐘育才	黃柏松編譯	100元
㉚成功商場戰術	陸明編譯	100元
㉛商場談話技巧	劉華亭編譯	120元
㉜企業帝王學	鐘文訓譯	90元
㉝自我經濟學	廖松濤編譯	100元
㉞一流的經營	陶田生編著	120元
㉟女性職員管理術	王昭國編譯	120元
㊱ＩＢＭ的人事管理	鐘文訓編譯	150元
㊲現代電腦常識	王昭國編譯	150元

㊳電腦管理的危機	鐘文訓編譯	120元
㊴如何發揮廣告效果	王昭國編譯	150元
㊵最新管理技巧	王昭國編譯	150元
㊶一流推銷術	廖松濤編譯	150元
㊷包裝與促銷技巧	王昭國編譯	130元
㊸企業王國指揮塔	松下幸之助著	120元
㊹企業精銳兵團	松下幸之助著	120元
㊺企業人事管理	松下幸之助著	100元
㊻華僑經商致富術	廖松濤編譯	130元
㊼豐田式銷售技巧	廖松濤編譯	180元
㊽如何掌握銷售技巧	王昭國編著	130元
㊿洞燭機先的經營	鐘文訓編譯	150元
52新世紀的服務業	鐘文訓編譯	100元
53成功的領導者	廖松濤編譯	120元
54女推銷員成功術	李玉瓊編譯	130元
55ＩＢＭ人才培育術	鐘文訓編譯	100元
56企業人自我突破法	黃琪輝編著	150元
58財富開發術	蔡弘文編著	130元
59成功的店舖設計	鐘文訓編著	150元
61企管回春法	蔡弘文編著	130元
62小企業經營指南	鐘文訓編譯	100元
63商場致勝名言	鐘文訓編譯	150元
64迎接商業新時代	廖松濤編譯	100元
66新手股票投資入門	何朝乾　編	200元
67上揚股與下跌股	何朝乾編譯	180元
68股票速成學	何朝乾編譯	200元
69理財與股票投資策略	黃俊豪編著	180元
70黃金投資策略	黃俊豪編著	180元
71厚黑管理學	廖松濤編譯	180元
72股市致勝格言	呂梅莎編譯	180元
73透視西武集團	林谷燁編譯	150元
76巡迴行銷術	陳蒼杰譯	150元
77推銷的魔術	王嘉誠譯	120元
7860秒指導部屬	周蓮芬編譯	150元
79精銳女推銷員特訓	李玉瓊編譯	130元
80企劃、提案、報告圖表的技巧	鄭　汶　譯	180元
81海外不動產投資	許達守編譯	150元
82八百伴的世界策略	李玉瓊譯	150元
83服務業品質管理	吳宜芬譯	180元
84零庫存銷售	黃東謙編譯	150元
85三分鐘推銷管理	劉名揚編譯	150元

⑧⑥推銷大王奮鬥史	原一平著	150元
⑧⑦豐田汽車的生產管理	林谷燁編譯	150元

・成功寶庫・電腦編號02

①上班族交際術	江森滋著	100元
②拍馬屁訣竅	廖玉山編譯	110元
④聽話的藝術	歐陽輝編譯	110元
⑨求職轉業成功術	陳　義編著	110元
⑩上班族禮儀	廖玉山編著	120元
⑪接近心理學	李玉瓊編著	100元
⑫創造自信的新人生	廖松濤編著	120元
⑭上班族如何出人頭地	廖松濤編著	100元
⑮神奇瞬間瞑想法	廖松濤編譯	100元
⑯人生成功之鑰	楊意苓編著	150元
⑲給企業人的諍言	鐘文訓編著	120元
⑳企業家自律訓練法	陳　義編譯	100元
㉑上班族妖怪學	廖松濤編著	100元
㉒猶太人縱橫世界的奇蹟	孟佑政編著	110元
㉓訪問推銷術	黃静香編著	130元
㉕你是上班族中強者	嚴思圖編著	100元
㉖向失敗挑戰	黃静香編著	100元
㉚成功頓悟100則	蕭京凌編譯	130元
㉛掌握好運100則	蕭京凌編譯	110元
㉜知性幽默	李玉瓊編譯	130元
㉝熟記對方絕招	黃静香編譯	100元
㉞男性成功秘訣	陳蒼杰編譯	130元
㊱業務員成功秘方	李玉瓊編著	120元
㊲察言觀色的技巧	劉華亭編著	180元
㊳一流領導力	施義彥編譯	120元
㊴一流說服力	李玉瓊編著	130元
㊵30秒鐘推銷術	廖松濤編譯	150元
㊶猶太成功商法	周蓮芬編譯	120元
㊷尖端時代行銷策略	陳蒼杰編著	100元
㊸顧客管理學	廖松濤編著	100元
㊹如何使對方說Yes	程　羲編著	150元
㊺如何提高工作效率	劉華亭編著	150元
㊼上班族口才學	楊鴻儒譯	120元
㊽上班族新鮮人須知	程　羲編著	120元
㊾如何左右逢源	程　羲編著	130元
㊿語言的心理戰	多湖輝著	130元

㉛扣人心弦演說術	劉名揚編著	120元
㉝如何增進記憶力、集中力	廖松濤譯	130元
㉟性惡企業管理學	陳蒼杰譯	130元
㊱自我啟發200招	楊鴻儒編著	150元
㊲做個傑出女職員	劉名揚編著	130元
㊳靈活的集團營運術	楊鴻儒編著	120元
㊵個案研究活用法	楊鴻儒編著	130元
㊶企業教育訓練遊戲	楊鴻儒編著	120元
㊷管理者的智慧	程　義編譯	130元
㊸做個佼佼管理者	馬筱莉編譯	130元
㊹智慧型說話技巧	沈永嘉編譯	130元
㊻活用佛學於經營	松濤弘道著	150元
㊼活用禪學於企業	柯素娥編譯	130元
㊽詭辯的智慧	沈永嘉編譯	150元
㊾幽默詭辯術	廖玉山編譯	150元
㊿拿破崙智慧箴言	柯素娥編譯	130元
71自我培育・超越	蕭京凌編譯	150元
74時間即一切	沈永嘉編譯	130元
75自我脫胎換骨	柯素娥譯	150元
76贏在起跑點—人才培育鐵則	楊鴻儒編譯	150元
77做一枚活棋	李玉瓊編譯	130元
78面試成功戰略	柯素娥編譯	130元
79自我介紹與社交禮儀	柯素娥編譯	150元
80說NO的技巧	廖玉山編譯	130元
81瞬間攻破心防法	廖玉山編譯	120元
82改變一生的名言	李玉瓊編譯	130元
83性格性向創前程	楊鴻儒編譯	130元
84訪問行銷新竅門	廖玉山編譯	150元
85無所不達的推銷話術	李玉瓊編譯	150元

・處 世 智 慧・電腦編號03

①如何改變你自己	陸明編譯	120元
⑥靈感成功術	譚繼山編譯	80元
⑧扭轉一生的五分鐘	黃柏松編譯	100元
⑩現代人的詭計	林振輝譯	100元
⑫如何利用你的時間	蘇遠謀譯	80元
⑬口才必勝術	黃柏松編譯	120元
⑭女性的智慧	譚繼山編譯	90元
⑮如何突破孤獨	張文志編譯	80元
⑯人生的體驗	陸明編譯	80元

⑰微笑社交術	張芳明譯	90元
⑱幽默吹牛術	金子登著	90元
⑲攻心說服術	多湖輝著	100元
⑳當機立斷	陸明編譯	70元
㉑勝利者的戰略	宋恩臨編譯	80元
㉒如何交朋友	安紀芳編著	70元
㉓鬥智奇謀（諸葛孔明兵法）	陳炳崑著	70元
㉔慧心良言	亦　奇著	80元
㉕名家慧語	蔡逸鴻主編	90元
㉗稱霸者啟示金言	黃柏松編譯	90元
㉘如何發揮你的潛能	陸明編譯	90元
㉙女人身態語言學	李常傳譯	130元
㉚摸透女人心	張文志譯	90元
㉛現代戀愛秘訣	王家成譯	70元
㉜給女人的悄悄話	妮倩編譯	90元
㉞如何開拓快樂人生	陸明編譯	90元
㉟驚人時間活用法	鐘文訓譯	80元
㊱成功的捷徑	鐘文訓譯	70元
㊲幽默逗笑術	林振輝著	120元
㊳活用血型讀書法	陳炳崑譯	80元
㊴心　燈	葉于模著	100元
㊵當心受騙	林顯茂譯	90元
㊶心・體・命運	蘇燕謀譯	70元
㊷如何使頭腦更敏銳	陸明編譯	70元
㊸宮本武藏五輪書金言錄	宮本武藏著	100元
㊺勇者的智慧	黃柏松編譯	80元
㊼成熟的愛	林振輝譯	120元
㊽現代女性駕馭術	蔡德華著	90元
㊾禁忌遊戲	酒井潔著	90元
52摸透男人心	劉華亭編譯	80元
53如何達成願望	謝世輝著	90元
54創造奇蹟的「想念法」	謝世輝著	90元
55創造成功奇蹟	謝世輝著	90元
57幻想與成功	廖松濤譯	80元
58反派角色的啟示	廖松濤編譯	70元
59現代女性須知	劉華亭編著	75元
62如何突破內向	姜倩怡編譯	110元
64讀心術入門	王家成編譯	100元
65如何解除內心壓力	林美羽編著	110元
66取信於人的技巧	多湖輝著	110元
67如何培養堅強的自我	林美羽編著	90元

國家圖書館出版品預行編目資料

塔羅牌預言秘法／淺野八郎著；李芳黛譯
—初版，—臺北市，大展，民86
175面：　公分—（秘傳占卜系列；13）
譯自：タロットの深層心理分析22枚の予告圖
ISBN 957-557-718-3（平裝）

1. 占卜

292.9　86005910

22 MAI NO YOKOKUZU

Originally published in Japan by SEISHUN PUBLISHING CO., LTD. in 1996
Chinese translation rights arranged with ASANO HACHIRO JIMUCHO through Keio Cultural Enterprise Co., Ltd. in 1997

版權仲介：京王文化事業有限公司

塔羅牌預言秘法

ISBN 957-557-718-3

原 著 者／淺 野 八 郎
編 譯 者／李 芳 黛
發 行 人／蔡 森 明
出 版 者／大展出版社有限公司
社　　址／台北市北投區（石牌）致遠一路二段12巷1號
電　　話／(02) 8236031・8236033
傳　　眞／(02) 8272069
郵政劃撥／0166955－1
登 記 證／局版臺業字第2171號
承 印 者／國順圖書印刷公司
裝　　訂／嶸興裝訂有限公司
排 版 者／千兵企業有限公司
電　　話／(02) 8812643
初版1刷／1997年（民86年）7月
2　　刷／1997年（民86年）8月

定　價／200元

1 魔術師
LE BATELEUR

2 女教宗
LA PAPESSE

3 皇后
L'IMPERATRICE

4 皇帝
L'EMPEREUR

5 教宗
LE PAPE

6 戀人
L'AMOVREVX

7 戰車
LE CHARIOT

8 正義
LA JUSTICE

9 隱者
L'HERMITE

10 命運之輪
LA ROUE DE FORTUNE

11 力量
LA FORCE

12 倒吊男
LE PENDU

13 死神
LA MORT

14 節制
LA TEMPERANCE

15 惡魔
LE DIABLE

16 塔
LA MAISON·DIEV

17 星星
L'ETOILE

18 月亮
LA LUNE

19 太陽
LE SOLEIL

20 審判
LE JUGEMENT

21 世界
LE MONDE

0 愚者
LE FOV

大展好書 好書大展